子陽，憶雲 著

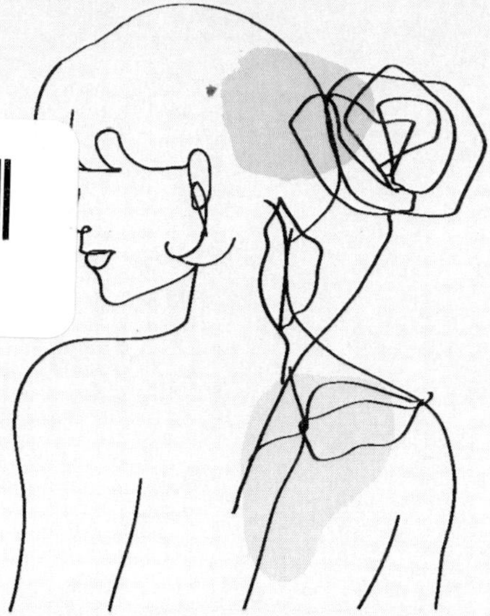

你以爲是兩情相悅，殊不知只是自己的

一廂情願

傾盡一生溫柔，到頭來都是一場空，我們爲什麼要這麼糟蹋自己？

當你渴望進入一段親密關係時，
究竟自己是眞的渴望能與某個人相愛、扶持，
或者只是渴望「談戀愛的感覺」？

別再把「愛」這個權利交給外人了！

唯有你珍視自己，「愛」才會善待你！

你是否曾覺得自己愛得很卑微？無論付出多少，
永遠得不到心中所求？你是否經常匆忙進入一段關係，
就只爲了那些許的溫暖？你的戀愛關係眞的正常嗎？抑或是你的一廂情願？

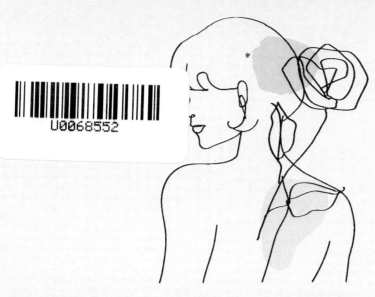

目錄

第一堂課　不懂愛的滄海桑田，使我們錯失了真正的方向

第二堂課　低到塵埃裡的愛，終將凋零於塵埃

目錄

目錄

第七堂課　曖昧是忽明忽滅的溫存，愛與不愛本該這般純粹

第八堂課　沒有痛不欲生的磨合，怎麼會有心有靈犀的陪伴

第一堂課

不懂愛的滄海桑田，使我們錯失了真正的方向

那些年，他們年少輕狂；那些年，他們對愛感到懵懂、迷茫。在情竇初開的年紀，他們受到了愛的吸引，於是他們在還不懂愛的時候，就開始愛了……以為只要有愛就是一切，以為只要有愛就是愛情，可最後，愛卻讓他們遍體鱗傷。

到底，是愛錯了？還是他們錯了？

剎那間的怦然心動，如煙火般的愛情錯覺

心動，發生的那一刻很容易，而心動後的陪伴，才是最長情的告白。否則，那不過是如煙火般稍縱即逝的錯覺，終將成為一種傷……

年少時，愛情是從夜色中走出的如曇花一般的美麗女子，她有著和曇花一樣的氣質和芳香。那個男子看到她時，以為那一刻的怦然心動，便是愛情。

年少時，愛情是一種從未有過的悸動。那個男子的背影，在夜不能寐的時光裡，餘香繞梁，飄蕩在滿懷思念的女子腦中。她以為，那時見到他，那一瞬間的心動，就是愛情……

於是，世間痴男怨女，深陷在心動的情緒裡，開始了對愛情的執著與渴望。

於是，他們在心動中感傷、在心動中思念、在心動中哭泣、在心動中追逐、在心動中曖昧、在心動中相愛、在心動中付出、在心動中受傷、在心動中分離……

時光如鏡，一點點照出現實，若只有那初見的心動，而沒有現實承諾的愛情，最後只會成為天空中綻放的煙火，不過是剎那間愛的錯覺。

否則，怎麼會有納蘭容若的「人生若只如初見」。人生若只如初見，該有多好，他依然是他的偉大君主，她依然是她的絕代佳人，江山美人兩不相侵……

可愛情，終歸不只是初見，愛情應該是兩個人一次又一次在現實裡的相見。

＊　＊　＊

她正值荳蔻年華，青春可愛，情竇初開時，愛情在心裡瘋狂滋長，茂盛得似乎迫不及待地要鑽出隙縫外的世外桃源。於是，她成為了一個容易陷入愛情裡無法自拔的女孩。

男孩出現得恰到好處，正在她愛得春心氾濫之際。

那時，他是大學學生會的會長，帥氣才氣兼備，是學校裡的風雲人物，喜歡他的女孩就像春天裡盛開的百花，爭奇鬥豔地綻放在他的身邊。

她覺得不起眼的自己，被那些迫不及待綻放的花朵擠得沒有一絲容身之地。

直到一次機緣巧合，他和她在某次活動中有了相處的機會，看著他英俊的臉，她的心狂跳不止，她更加堅信自己已經不可救藥的愛上了他。

迫於身為女性的矜持，她裝作若無其事。可此後的每一天，她的心裡滿滿的都是他，想念他的笑，如晴空萬里的燦爛明媚；想念他的眼睛，黑白分明如夜裡熠熠閃爍的星光；想念他的襯衫，那飄著淡淡香味的衣襟……

想念間，那心動的感覺在心裡洶湧難耐。

心動、心動、心動，她知道春心氾濫後，就是決了堤的情感洪流，任憑心有餘力，也無從攔阻。

她相信這份心動，就是她想要的愛情，就是她未來甜蜜永恆的愛情。

女孩再也無法抑制，她向男孩表白。原則上很少有男孩會拒絕一個主動對自己示好的女孩子，所以，男孩沒有想太多，就答應了她。

於是女孩展開了自己理想中那甜蜜的愛情，沒錯，剛開始的戀愛總是甜蜜的，她恨不得天天和他黏在一起，一起吃飯、一次上學、一起逛街、一起看書……她覺得，他們以後會一直這樣在一起，一起去面對更多更遠的未來。

可是，分歧和矛盾總是會在相處的漫長時光裡，漸漸浮出水面。

原本就很受女性歡迎的他，在兩人戀愛期間，身邊依然不乏趁虛而入的追求者，那些漂亮的女孩，如蜂蝶似地在他的身邊圍繞，也許是因為被人喜歡的虛榮心，他似乎也對此樂此不疲，總會和其他女孩關係曖昧，打情罵俏。

這讓她無法接受，沒有一個女孩願意看到自己的愛人眼裡還有別人。而面對她的氣憤和質問，他不但沒有悔意，還覺得她小題大做。

一個讓她心動的人，卻無法給她安全感。

而有一次，女孩的胃部突然感到劇烈疼痛，疼痛難忍的她打電話給他，一次又一次打過去，均在通話中，最後一次接通，他說他有一場很重要的籃球比賽，如果不去有可能失去晉級的機會。掛斷電話後，她心痛的感覺勝過身體的疼痛，原來，在他心目中，他的比賽比她的安危更重要。

一個讓她心動的人，卻無法給她愛的溫暖。

手術後，他沒有來醫院看她。聽他的室友說，男孩一夜未歸，在那個未歸的夜裡，他到底去了哪裡，做了什麼，她已不再關心。

這樣的愛情，已讓她心如死灰。

她終於明白，當初那一刻的怦然心動，如果沒有了以後日子裡愛的溫暖與相守，最後不過是如煙花般的愛情錯覺。

＊　＊　＊　＊

什麼是心動？

就是妳遇見他，和他四目相對時，心跳加速，有一種酒酣耳熱的感覺。

什麼是真愛？

真愛就是和他在一起，妳不再懼怕人生，也不再擔心未來，因為他會在妳的身邊，與妳十指相扣。在那緊緊的相握裡，在每一件細微如沙的事情裡，讓妳感覺到，他一直都在，妳就是被他寵上天的另一半。

也許是他每次無法及時出現在妳身邊時的一則訊息：「我今天有事走不開，妳要好好照顧自己！」

也許是妳生日那天，正在期盼他的出現時，他忽然從背後輕輕地擁著妳，為妳戴上一條好看的項鍊，並在妳面前打開一張卡片，卡片上寫著：「親愛的，現在我還沒有足夠的能力買更好的項鍊，但是以後一定會有的，我會一直陪伴著妳。」

……

在這很多很多的也許裡，妳終於知道，不是每一次心動，最後都會盛放成愛。心動是飄渺的感覺，而愛卻是鮮活的感觸。

心動，發生的那一刻很容易，而心動後每一天的陪伴，才是最長情的告白。

否則，那不過是如煙火般稍縱即逝的錯覺，終將一場空……

只求曾經擁有，擁有後散盡便是心碎苦楚

「只求曾經擁有」，曇花是一夜綻放的淒美，擁有後散盡處便是心碎悽楚，因為那是愛情最美麗的謊言。

愛情最初時，總是美麗得那麼不切實際，好像人世間的情愛，都應屬於不食人間煙火的風流雅士，似乎只有不染風塵，才能配得上內心清雅脫俗的愛情模樣。

於是，便有了「只求曾經擁有，不求天長地久」的愛情憧憬；於是，便有了「兩情若是久長時，又豈在朝朝暮暮」的愛情幻想。

或許是青澀的愛不怕風吹草動，或許是少不經事的愛不怕歲月洪荒，他們愛得「眼裡只有愛情」，他們愛得「心裡只有今天」，不管明天會發生什麼，對於兩顆熾熱的心

裡，都已變得不再重要。就如世間很多愛情故事一樣，男人與女人四目相對，含情脈脈地問她：「如果有一天我離開了，妳怎麼辦？」

她說：「只要曾經擁有，就足夠了。」

日後的某一天，男人用實際行動將當初的問題，給了女人一個血淋淋的現實——他忽然消失在她的世界裡。

她痛不欲生，終於明白，只求曾經擁有的愛，是那麼幼稚的傷。她用「曾經擁有的愛」幻想了沒有未來也可以在當下永遠保持美好的愛情；而他卻用「曾經擁有的愛」肆意玩弄了知道沒有未來卻也可以當作遊戲一場的愛情。

「只求曾經擁有」，原本是少女心裡開出的曇花，是一夜綻放的淒美；「只求曾經擁有」也讓少年那初次嘗試愛情的心，不過是輕輕品味一下愛情，遊戲人間罷了。

只求曾經擁有，並不美好，擁有後散盡處便是心碎悽楚。

於是，蘇軾在「但願人長久」裡吟誦著愛情真正的夙願：「愛情本該是執手相看，琴瑟和諧，天長地久，一生相隨。」

因為，愛情裡，不光有執子之手的詩意，還應該有與子偕老的遠方。

＊　＊　＊　＊

女孩喜歡上男孩的時候，是高一那年。正值情竇初開，愛情在心裡既美麗又撲朔迷離，似乎不屬於這個人間。

他比她大一歲，就讀高二。第一次看見他，她的心裡忽然盛開如花，這個男生帶著金框眼鏡，彷彿就是徐志摩的翻版。

她覺得她就是他的林徽因，他們必會成為彼此的人間四月天。

於是女孩開始追男孩，一個美麗的女孩主動出擊，必是勝算在握。面對她的告白，他像根柱子似的立在原地，滿眼無所謂地看著她說：「我可以接受妳的愛，我們隨時都可以開始戀愛，但是在學測後，我不知道我們的人生何去何從，所以我無法確定我的愛能保持多久，妳要考慮清楚。」

她欣喜若狂，只要能和他在一起，就算一天，也是美好。她點頭如搗蒜：「我喜歡你，不求天長地久，只求曾經擁有」

那時年少，心思單純的她還不知道，愛情在曾經擁有後的幻滅，有多疼。

很自然地，他們的愛情在那段無欲無求的時光，過得簡單而純粹。

她希望天天和他在一起，每次最難受的就是和他分開。其實，那個時候的她就應該知道，愛怎麼可能只在乎曾經擁有，不奢望天長地久？

男孩家住在別的縣市，每到週末都要回家看望父母。每次，她都會用依依不捨的目光送他上車，看著他走遠，心裡總會滿溢離別的酸楚，但一想到星期天晚上又會相見，心裡忽然變得暖暖的。

女孩不知道，那時的她已經在心裡期盼兩人的天長地久了，只求曾經擁有，不過是小女孩內心對愛好美好的虛構罷了。

很快，他開始了高三升大學的考試。她知道，他們在高中的戀愛時光也將無法再持續下去，未來到底會發生什麼，又有誰能知道。每想到這些，她的心裡都會隱隱作痛，但又不停地安慰自己，不管明天發生什麼，畢竟有過這麼一段美好的時光，至少也會溫暖了未來的前路。

在這個特別又忙碌的一年，現實而冷酷的他開始了瘋狂的備考，他對她說過，他的夢想是清華大學。她隱隱約約明白，她瘦小的肩膀，扛不起他的海闊天空。

那一段時間，她們在一起的時間很少，她很想去找他，但是每次看到他以學習為名義拒絕她的冷冷目光，她總是望而卻步。

傻傻的她，忘記了自己高二之後就是高三，決定命運的時刻也不遠了。一心只想著陪在他的身邊，每當看到他因為拚命學習忘記吃飯而更加纖瘦的身形，她就心疼不已。

於是，她把自己的學業丟在一旁，忙著為他找各種補習衝刺班。那一次，他得知她找到了一個可以短期攻下學測課程的名師之後，他第一次那麼激動地將她擁在懷中，深情地對她說，他記得她的好，他會感激她一輩，愛她一輩子。

那一刻，她覺得自己所有的付出都是值得的，可是她不知道，他的擁抱裡只有感激，愛她一輩子的話，也不過是感激後的一時衝動。

學測結束後，他如願進入自己夢寐以求的學府。送別的那一刻，她潸然淚下，他對她說，愛不在乎天長地久，只要曾經擁有就是美好，我會在校園裡等你。

多美麗的愛情謊言。

男孩在自己的人生規劃裡走的既現實又冷靜，而女孩的高三生活，都是在對他的思念裡度過。

高三後半學期，漸漸地，她發現他的電話愈來愈少，就算接通電話，他說話總是心不在焉，不溫不火的。

她察覺到了他的變化，於是沒有告訴他，便獨自來到了他的學校。

如女孩所預感，她看到男孩和一個女學生一起親暱地走在校園裡。身邊的女孩十分美麗，留著一頭長髮，一雙水汪汪的大眼睛正含情脈脈地看著本屬於自己的男孩。

她慌了。

那天在他的宿舍，正是週末，室友都回家了，只有他倆。

女孩哭著問男孩為什麼就此變心，難道忘了當初她是怎麼在他身邊，照顧他愛他，如果沒有她奔走求師，他的學測怎麼可能那麼順利？

他憤然說道：「難道妳要我感激你一輩子嗎？妳是要用妳曾經的付出來綁住我嗎？」

一語如刀，刀刀入心，她傷痛不已。

不知是出於同情，還是舊情復燃，他忽然憐惜地抱著她安慰著。

在男孩的懷裡，女孩知道她愛他，她不想成為他的曾經，她不想要讓別的女孩擁有他。一個幼稚又荒唐的念頭忽然在腦海閃過——她要把自己的身體給他，這樣就可以永遠地擁有他，這樣他就不會離開她了……

在空蕩無人的宿舍，女孩把自己的第一次交給了男孩……

起初，他似乎對她有了別樣的依戀，她慶幸自己的選擇是對的。

可是直到新鮮感過後，男孩還是厭倦了……

那一年，女孩學測失利，男孩也對她正式提出分手，原因是學歷懸殊，他找到了更適合自己的女孩。他告訴她，不要難過，愛只要曾經擁有就夠了……

好一個冠冕堂皇的「曾經擁有」，不過是始亂終棄的藉口。

那一刻，她覺得自己的人生萬念俱灰。那些年，在自己憧憬出來的不食人間煙火的愛情裡，她荒廢了學業，付出了身心，最後看到的，卻是如泡沫般破碎的愛情……

＊　＊　＊

曾經在心裡那麼美好的「只求曾經擁有，不求天長地久」，原來，擁有散盡後，是這般的撕心裂肺。

只求曾經擁有，是愛情最美麗的謊言。

拈花惹草的喜歡，終非信守一生的愛

喜歡，是剎那間的衝動，稍縱即逝，不為誰留下一點痕跡……愛，卻在誓言和承諾裡，成了陪伴一生的最長情的告白，任憑物換星移，風雲轉變，緊緊握住的仍是他的手。

他們說著喜歡，以為那就是愛情。

那時，他們遇見，並不知道彼此的性情，也不了解彼此的愛好，甚至不知道彼此的名字，只是那一次四目相對，他們在彼此的眼裡看到了，那些幻想了無數次的愛情遇見時的衝動。

賀爾蒙的沸騰使兩人臉紅心跳，他們聞到了愛情如花初綻時，飄散而出的香氣。

於是，當他們說著喜歡，以為只要喜歡就夠了；於是，當他們牽手相看，以為這一刻瘋狂燃燒的情感，足可以溫暖一生一世；於是，他們相擁而醉，以為這一次攬你入懷，我將再也不會放手……

時間是最好的見證者，歲月是最好的煉金石。後來，情感被歲月浸泡得失去了最初的光華，牽手相看時，他不再是她溫暖的燭火，他成了她心頭的負累；相擁入懷時，她亦不再是他灼熱的光芒，她成了他眼中的陰霾……

喜歡著喜歡著，忽然現實打破了一切寧靜，責任來了，擔當的肩膀太過沉重，便有了逃避的和閃躲的眼神。

原來，一時的喜歡，需要一世的付出去兌現……

原來，一時的喜歡，終將不是一世的愛。

喜歡，就像是斜陽落山前飄渺的雲彩，揮手作別不過轉瞬之間；而愛，卻是刻入身體的紋身，縱使歲月侵蝕，亦可地老天荒。

＊　＊　＊　＊

那一年，男孩踏入大學，校園的風吹著戀愛的氣息。

這是愛情盛開的季節，三三兩兩，成雙成對，好不羨慕。他的心裡有些許失落，也有些許期待。

不是男孩不想戀愛，是家境的清寒，讓他不敢奢望愛情。那時的青春，總是籠罩著淡淡的憂傷，他的心也總是孤傲而沉默。

直到那一天，男孩遇到了女孩。那個生命中第一個讓他心動的女孩——清秀的鵝蛋臉，紅潤的嘴唇，塗抹著粉嫩的唇彩。

那一天，男孩依然習慣性地坐在圖書館，靜靜地看著手中的書。

女孩悄然而至，坐到他身邊，他沉浸在書中的故事，全然不知。

「你好，同學。」聲音很甜美，像那山澗的清泉。

他抬頭，她微笑如光。

「我可以認識你嗎？」她眼神清澈地直視著他，沒有一點羞澀。

他心波蕩漾，卻裝作鎮定地點了點頭。

習慣了孤傲沉默的他，面對讓自己心動的女孩，難免羞澀矜持。

「其實我注意你很久了。」

她的這句話讓他措手不及，只能愣在那裡，懷疑地看著她。他知道這個女孩，是他喜歡的類型。靈秀的眼眸中透出一股任性，自信但不自負的神情透著一股不服輸的骨氣，生命在她身上是鮮活而靈動的，不像他那般死氣沉沉。

霎那間，男孩喜歡上了她，他確定那種感覺已經在心底蔓延開來。

她莞爾一笑，對他說：「每次來圖書館，我都會看見你，你靜靜地坐在那裡，很喜歡在這安靜的角落，讀著你的書，好像這個世界的紛擾都與你無關。在我眼裡，你是那麼的與眾不同」

「因為我沒有女朋友，所以只能做一個安靜的人。」他微笑著調侃自己。

她笑了，笑得那樣自然，「你怎麼會沒女朋友呢？」

他僵持了多年的臉，第一次在她面前初綻笑容，許久來縈繞在心頭的冷寂突然間煙消雲散。情感的悸動，曾經陌生而期盼的感覺，真到這一刻，彷彿枯竭的枝頭遇上春雨，流入靈魂深處，開出耀眼的花朵。

那一天，他們聊得很開心，天南地北地聊，似乎有些相見恨晚。送她回宿舍的那一刻，他們依依不捨。她在夜色裡仰起頭，說她喜歡他，他欣喜若狂，他知道自己也喜歡她。

回去的路上，四周忽然變得鳥語花香，腳步也變得輕快，悄聲哼起歌兒，笑從心出。

午後樹蔭下的草坪上，他們彼此相擁。女孩說自己喜歡他羞澀的笑臉，古板而認真的表情，她說這樣的他，能給她想要的安全感，是個理想的伴侶。男孩問她願不願意和他永結同心，她沒有立即回答，只是淡淡一笑，陽光打在她臉上，迷人的臉龐，美麗而遙遠。

他不知道這種喜歡，會維持多久。他不知道自己清寒的家境，會不會成為他們未來的阻隔。

他只知道，戀愛的日子，每一天都是快樂。學生餐廳乃至校外餐廳，留下了他們戀愛的身影。一起喝酒，醉得東倒西歪，一起騎著腳踏車，在晚風裡徜徉，她的秀髮拂過他的臉，他幸福無比。

他那麼地喜歡她，喜歡她的笑，喜歡她的天真，喜歡她身上所有的一切。

他變得不再孤傲，從沉默到健談，從冷漠到開朗。他堅信，她的存在，讓他明白喜歡就是愛，就是心頭那一陣陣襲來的濃情蜜意。

他們有共同的愛好，對生活也有同樣的感受與理解。

他深信她就是他的知音，他是羅密歐，而她就是茱麗葉，她必不會在意他的家徒四壁、一貧如洗，必會義無反顧地與他廝守一輩子。

直到有一天，那輛跑車的出現。

大四，是校園分手季。不安的未來，不知何去何從的心。男孩開始在女孩的眼裡捕捉到漂浮不定的目光，她知道他的家庭情況，也不止一次問過他對未來的打算，男孩說自己畢業後打算回到故鄉，父母年邁，他要撐起整個家。

她聽後卻只有啞然，表情黯淡。他心裡猛地被抽動，隱隱不安，但是他知道她喜歡他，不會輕易離開。

那段時間，女孩總是以忙為藉口，推掉他們的約會。

一個星期沒有她的消息，男孩瘋狂地找她。卻沒想到來到校園門口，卻看到女孩從一輛黑色的跑車走下來，身後跟著一個比她大十幾歲的男人，男人抱著她，她熱情地回應，臉上洋溢著滿足的微笑……

男孩和女孩第一次有了激烈的爭吵。男兒有淚不輕彈，悲痛欲絕的他還是在她面前流下了淚。

他瘋狂地晃著她的肩膀問她，為什麼要這樣對他，她不是說喜歡他嗎？喜歡怎麼可以如此輕易地背叛？

她推開他，果斷而決絕。

她說，她喜歡過他，但那不是愛，喜歡可以感到快樂就可以，但是短暫的快樂過後，她沒有勇氣和他一起走過貧苦的人生，她的肩膀擔不起未來艱難的歲月。她需要的，是一個可以為她撐起安逸人生的人，他給不了的，別人能給，所以她要離開，尋找可以給她安逸人生的愛情。

男孩以為喜歡就是愛。而她那張陌生的冷若冰霜的臉，卻明明白白地表述著：「喜歡不是愛，喜歡是作別西天縹緲的雲彩，想要離開時，揮一揮手便可不帶走一片想念。」

＊　＊　＊　＊

曾經說著喜歡，離別時卻那麼決絕。

喜歡，便是一條小溪，輕快地流淌而過，那是剎那間情愛的衝動，短暫得可以不為誰駐足，不為誰留下一點痕跡……

愛，卻在誓言和承諾裡，成了陪伴一生的最長情的告白。

任物換星移，風雲轉變，緊緊握住的仍是他的手。

一見鍾情一時，抵不過細水長流一世

愛情，終要在現實中日日相見，日日面對，日日考驗，日日磨合……在磨礪中幾經波瀾，最後還能剩下兩顆相守如初見的心，才是最長情的陪伴。一見鍾情，是一時，日日不厭倦的錦瑟陪伴，才是一世……一時和一世，終將在現實的磨礪中，顯山露水……

那一年，她貌美如花，他回眸一顧……

那一年，他英俊爽朗，她秋波暗送……

他們都在最好的年華，偶然遇見彼此，四目相對，便可以一見鍾情。

一見鍾情始於清代詩人李漁的《比目魚》，裡面寫到：「劉旦生來饒艷質，譚生一見鍾情極。」

她與他鍾情的，是他們初見時，那讓彼此都中意的容貌和感覺。

彷彿她就是他無數次在腦海中勾勒而生的形象，這一天，曾經虛幻的形象忽然躍然於眼前，與夢裡的他身形相契，那是在水一方的伊人，衝破重重霧氣，跋山涉水來到他的身邊。

魂牽夢縈的她，忽然從天而降，那一瞬間，怎能不鍾情？

就像賈寶玉在見到林黛玉時說：「天上掉下的這個林妹妹，我見過。」這個妹妹，是無數次出現在他夢裡的，情人的樣子，於是見到時，便有了似曾相識的感覺。

想必那是一種熱烈澎湃的情感萌芽，如火山噴發般勢不可擋。那種心蕩神怡，心猿意馬，渾然忘我的感覺，是久久蘊藏在心間的情感的爆發。

然而，火山爆發後，總有刺鼻的濃煙留下；洶湧澎湃的熱浪後，總有平靜的浪潮留下……

每一次熱烈的一見後，還有二見、三見、四見……

愛情，是否還能如初見？

愛情，是否經得起世事變遷？

愛情，是否經得起滄海桑田？

愛情，是否經得起生活的艱難和平淡？

愛情，能否在一見鍾情後，細水長流一生相隨？

＊　＊　＊　＊

那年，女孩和男孩在大學相遇。她長得像極了他的偶像，他也長得像極了她的偶像，於是，他和她一見鍾情，就像韓劇中的劇情一樣。

塵緣於此，那種愛的感覺，排山倒海，如潮水般湧來，那麼的猝不及防，彷彿天地人間，只剩下了眼裡的他。

最初的愛，看得到開頭，看不到結尾，所以「一見」的那些最初裡，他們愛得熾熱。

他們都是撐不起奢侈的燭光晚餐和玫瑰花的年齡，但愛的日子卻總有驚喜。每一次她過生日，心細如髮的他，都會為她親手製作一些別緻的小禮物。

捧著他的禮物，她感動得淚眼汪汪，雙眸更顯楚楚動人。她深情地望著他，對他說：「我每一年的生日，都會有你。」

那個時候，他們的情感是海誓山盟。

他們一起出去吃飯時，男孩總是為自己點一份青菜，雖是價格不高的菜色，卻像他們一見鍾情的愛情，簡單純粹，絲毫不混雜世俗的渾濁。

男孩說那是他最喜歡的味道，清爽乾淨。可只有他自己心裡知道，他要用省下來的那一份餘力，把最好的留給女孩。

他幫她點的菜都是她愛吃的——紅燒肉，油亮的色澤，看上去令人垂涎欲滴。

兩個盤子放在一起，青菜是他的，紅燒肉的是她的。

他說自己不喜歡吃肉。

男孩笑著把紅燒肉塞到女孩的嘴裡，對她說：「快吃吧，小傻瓜，我要把妳餵得胖胖的。」

那一刻，她很幸福，以為這樣的愛，必將相伴一世。

她一直不喜歡吃青菜，總覺得食之無味……

而他們的愛情，突然有一天也走到了食之無味的盡頭……

畢業之際。心高氣傲的女孩決定留在都市裡的外貿公司裡工作，男孩卻想要回到家鄉創業。他們之間開始頻繁地爭吵。最後她拋下一句分手，決絕而絕情。她並不知道，清苦的家，他是家中唯一的支柱，他若不在身邊，年邁的父母，就沒有了天。

愛情就是這樣，在瑣碎的生活裡，詩意不見了，浪漫不見了，純粹不見了，一見鍾情時的簡單，不見了。

就連最初的青菜，經過歲月的洗滌，也褪去了翠綠。於是，愛情只剩下索然無味……

他擁有的財產撐不起她的未來，於是，她有了新的歸宿，一個他可望而不可即的富二代，帶她吃的不是青菜，也不是紅燒肉，而是歐式的燭光晚餐。

分手那天，陰雨綿綿，他們又去了常去的餐廳。他吃光了一直以來常點的那盤青菜，長嘆一句：「風花雪月敵不過柴米油鹽，一見鍾情一時，抵不過細水長流一世啊。」

多年以後，他們各自都結婚了。起初，他做了某政府單位的局長，後來工作表現出眾，便派往首都成為更高階級的主管。自他上任後，他便成了那個被眾人仰慕的風雲人物。他不再愛吃青菜，不再相信一見鍾情。

現在陪伴在男孩身邊的，是那個願意陪他走過風雨，任人生歲月變遷，依然不改初衷的妻子。

當年的女孩卻離了婚。豪門一入深似海，丈夫要找情人，她無法接受，只能黯然退場。她常常一個人去吃飯，每當看到他以前常點的青菜時，那些年的時光，總會在腦海反復重演。

在歷經了滄海桑田之後，她終於明白，當年沒有守住一見鍾情的純粹，如今愛便在世故中成了不歸路。

＊　＊　＊　＊

寶玉在一次與黛玉相處時，有了爭吵。看著讓他歡喜讓他憂的林妹妹，寶玉望天長歎：早知今日何必當初！

早知今日幽怨愁懷，當初何必一見鍾情。

愛情，終要在現實中日日相見，日日面對，日日考驗，日日磨合……在磨礪中幾經波瀾，最後還能剩下兩顆相守如初見的心，才是最長情的陪伴。

一見鍾情，是一時，日日不厭倦的相伴，才是一世……

暗戀是不被愛的形單影隻

自己咀嚼心痛的蕭條暗戀裡，全是她給的傷悲，而她漸行的時光裡沒有他。他終生的等候，換不來她剎那的凝眸。暗戀，是一場孤獨的旅程，盛滿不被愛的形單影隻。

暗戀，是一副形單影隻的故事和畫面：

暗戀，是青春最固執的等待。

我就站在這裡，風裡，我站在這裡；雨裡，我站在這裡，我不怕你不來，我不怕你不出現，就這樣我等你愛我。

可最後，我還是沒有等到你。

我依然孤獨地站在這裡，在不被愛的寂寞裡，看著我愛的你，在遠離我的世界裡，漸行漸遠……

暗戀是不被愛的形單影隻，任無處擺放的情愛，獨自飄零。

＊　＊　＊　＊

高中那年，男孩偷偷地喜歡上一個女孩子，他不知道那是不是暗戀，總之他一個人愛得驚心動魄。

她是比自己小一歲的女生，烏黑的長髮隨意散在肩上，如水的雙眸清澈見底，非常美麗。

有時，想念的心痛苦難耐，上課時他藉故出去，就是為了經過她的教室，偷偷地看她一眼，如果看到她，他的世界似乎忽然就亮了。

為了經常見到她，他費勁心思和她班裡的男生成為朋友，就是為了藉故跑到她班裡找熟悉的男生，以此機會偷偷地看看她。

那時，他就知道，暗戀是一場孤獨的旅程，愛得見，摸不著；想得到，得不到。可是在那份感天動地甚至連自己都被感動的暗戀裡，他覺得不變地喜歡著一個心愛的女孩，哪怕只是遠遠地看著她，那種滿足就能讓他整個世界都燦爛明媚。

那時的男孩在學校裡，也是才貌出眾的風雲人物，聰明的他學習成績一直名列前茅，而他只要出現在籃球場，喜歡他的女生就會蜂擁而至，為他吶喊。他曾經故意帶著一個漂亮的女孩，在校園裡招搖，經過女孩的身邊，就是為了引起她的注意，刺激她有所觸動。可是別人都看到了，只有她，無動於衷。

他忍不住垂頭喪氣。暗戀的愛，卻在心頭洶湧難耐，好像馬上就要翻湧而出似的。那段時間，他像是著了魔似的，總會跟在她的身後，遠遠地看著她。

可是，他的心，卻總是繫著她。

她和他都住同一個社區，每天晚上下了晚自習之後，他總會默默地跟著她，目送她到家，才會安心離去。她在南，他在北，每次目送她回家後，他回到家時已是凌晨時分。

暗戀，是一場獨角戲，喜怒哀樂，只有他一個人知道。那一天，宿舍裡的同學聊起各自喜歡的女生，一個室友說起了那個一直藏在他心裡的她，室友說很多人喜歡她，他心裡顫抖了一下，生生地疼著。是啊，她是那麼溫柔的女孩，像一朵清新淡雅的雛菊，有人喜歡太正常了。

本來，他已經鼓起勇氣打算向她表白，但當他知道她被那麼多人喜歡著，他忽然就失去了所有的勇氣。

學測後，她考上了南部的一所大學，他留在了北部，從此，天各一方。

空間隔不開愛戀，女孩依然在男孩的心裡，從未離開。甚至，他常常在想念她的時候，跑到她所在的城市裡，站在她必經的校園裡，期待著與她不期而遇。可是，她一直沒有出現在他的視野裡。

後來傳來了她與人談戀愛的消息，他心如刀割，但還是在心裡祝福她，她那麼美好的女孩，值得擁有更好的愛情。

大學校園裡，出雙入對的身影，只有他形單影隻。他依然是那個帥氣的男孩，彈著吉他唱著情歌，眼神憂鬱；打籃球時，一甩頭髮的樣子，迷倒女生無數。總之，他身邊不缺乏仰慕的女孩，但他都視而不見。

他是那麼地冷傲。

可冷傲的他心裡，一直有一個溫暖的她。

他有一張她的照片，照片裡的她笑得很好看，他常常拿出來看，天長日久，照片開始漸漸泛黃。

大學畢業後，男孩得知女孩結婚了。她結婚那天，他帶著一瓶酒，一個人開著車來到郊外。那天，他帶著耳機，喝著酒，流著淚，用寂寞的悲傷祭奠著青春的暗戀。

後來，他結婚了，心裡的她，依然存在。

他還是會像以前一樣，去她居住的城市，感受她的氣息。這個城市因為有她，而變得溫暖親切。這個城市，好像融入了她的血液，就算無意中聽到這個城市的名字，他都會心跳不止。

後來，當年男孩與女孩一起就讀的高中要舉辦校慶。大家想起了當年的女孩，那個被萬人矚目的校花。可是，大家都不知道她畢業後去了哪裡。他主動提議：「我去找吧。」

他再一次來到她的城市，這次為了校慶，他有足夠的理由見到她。可是這個熟悉的城市，他居然沒找到她。問了以前學校的老師，他們也不知道她去了哪裡。

那天從她就讀的大學出來，校園門口，一輛黑色的豪華轎車停在他身邊，車上下來一個貴婦，身邊跟著一個俊朗的男人。

看著那個女人的背影，他的心狂跳不止，那個熟悉的背影，他以前每次跟在她的後面目送她回家，看了無數遍的那個背影，他怎麼會忘記。

她回頭，是的，是她。她依然那麼美麗，更多了一份成熟的韻味。

他迎上去，一時不知說什麼。她挽著身邊的男人，看著他，居然認不出他。

「先生，您有什麼事嗎？」她一臉詫異。

他看著她的臉，那麼熟悉，卻又那麼遙遠。

他什麼都沒有說，轉身跑向遠方。他一直跑一直跑，好像要逃出暗戀的寂寞……後來，終於累得跑不動了，他蹲在一棵樹下，看到一朵花，孤獨地綻放在草地上。

原來，他的暗戀，就是那朵孤獨的花。

＊　＊　＊

我本將心向明月，奈何明月照溝渠。他愛著她，她卻毫不知情。

自己咀嚼心痛的蕭條暗戀裡，全是她給的傷悲，而她漸行的時光裡沒有他。

他終生的等候，換不來她剎那的凝眸。

暗戀，是一場孤獨的旅程，到處盡是不被愛的形單影隻。

如果可以，便不再選擇暗戀。

第二堂課

低到塵埃裡的愛，終將凋零於塵埃

他們說，愛上一個人時，我便不再是我，我的一切都是為了愛而存在著，就算卑微如沙，我也要在他的手心停留……而終有一天，你從他的手心滑落，跌入塵埃，他視而不見，而你卻凋零塵埃。

你在塵埃裡，看著那個曾經仰視的他，本以為卑微的煙火歲月，總會由緣淺到情濃，焐熱他高冷的心。

而世間所有的一往情深，終經不起獨自付出的冷寂蕭瑟。於是，剎那間，落花流水，低到塵埃的愛，終將滿目瘡痍……

愛上心有所屬的人，終將滿目瘡痍

她愛他，他卻愛著別人。愛本是兩個人的事，卻唯有在這種情況下，愛成了一個人的天荒地老。她在自己的世界裡，孤寂地看著他為別人傾心。而她在他的世界裡，就像是個可有可無的影子……

那一刻，愛來得那麼突然。

猝不及防，他就出現了，彷彿從天而降，直接闖入視野。還來不及考慮他愛不愛自己，他心裡有沒有別人，就身不由己地愛上了。

她愛他，他卻愛著別人。

愛本是兩個人的事，唯有在這種情況下成了一個人的天荒地老。

她在自己的世界裡，孤寂地看著他因為別人而被牽動著喜怒哀樂。

而她在他的世界裡，就像是個可有可無的影子，她不過是他傾訴時的解脫，是他悲傷時的出口，是他需要時的慰藉……

他，在她的愛裡自由得來來去去，都是那麼雲淡風輕；

她，在他愛著別人的悲歡離合裡，獨自承受著滿目瘡痍……

＊　＊　＊　＊

女孩是一個走在人群中就會被淹沒的普通人，平凡的外貌、沉默的性格，像一朵不起眼的野花。

男孩卻是那麼耀眼奪目，溫文儒雅中帶著陽光朝氣，更是籃球場上的高手。

這樣的她和這樣的他，奇蹟般不期而遇。

那一天，學校的籃球比賽。人群裡，女生們尖叫著為男孩吶喊。女孩站在那裡看著他，小麥色的肌膚帶著陽光和汗水混合而生的眩目光彩，就那麼直接地刺進她的心裡。她的心隨著他投籃的跳躍而狂跳不止。

她就那樣痴痴地看著他，毫無察覺，飛過來的球直接砸到了她的頭上，瘦小的她被重重地擊倒在地。終於，他站在了她的面前，伸出手，用明亮的眼睛看著她，聲音渾厚而溫柔：「妳還好嗎？」

看著讓自己心動的男孩，她手足無措，呆呆地看著他，沉醉在他清澈乾淨的眼神裡。那一刻，她忽然覺得這個突如其來的球，來得那麼的恰到好處。

緣分就是這樣奇妙。她傻呆呆的樣子，讓他印象深刻，他記住了她。

從那天之後，男孩每次見到女孩，總是用調侃的語氣和她打招呼，可她總是不敢直視他，漸漸地，他對羞澀可愛的她有了幾許好感。

隨著時間加深彼此的認識，他們慢慢熟悉彼此。

她是個單純的女孩，愛的直接而純粹。她也終究是太年輕，不知道單戀是那麼孤獨，無論自己愛得多麼肝腸寸斷，也溫暖不了他的心。

因為太愛，她看得到他的優點，卻刻意地回避著他的缺點。

男孩的籃球賽，女孩一場也沒有錯過。每次比賽時，她是他最忠實的粉絲。為了增加他的人氣，她四處奔波，呼朋喚友，一起為他的籃球比賽捧場。她像是在完成一件神聖的使命一般，在球場上用盡全部力氣為他加油，彷彿要聲嘶力竭呼喊出她內心中全部的能量一樣。而他卻那麼心安理得地看著她為自己所做的一切，反正這一切都是她自願的，她又是那麼的樂得其所。於是，她成了整個球場最忙碌的人，跑前跑後為他遞水遞毛巾，在他的眼裡，她就是那個心甘情願圍著他的「工具人」。

她愛著他，他卻一直以朋友稱呼彼此，他享受著這種不清不楚的關係，享受著被愛，也懶得打破。有時候旁人也會問：「你們在談戀愛嗎？」女孩會看著男孩不冷不熱的臉含糊地回答：「也許吧……」而他卻笑而不語。

她是個聰明的女孩，她知道，她愛他，他卻不愛她，單戀讓她痛苦，卻也因為太愛他而多了幾分不捨。她知道沒有結果，卻又那麼希望可以一直這樣和他做朋友，可以一直以朋友的藉口見到他，也是一種幸福。

這樣卑微的愛，終將夢醒時分。

那一天，男孩告訴女孩，他喜歡上了別人。她聽到心碎的聲音，在不被愛的角落裡應聲碎裂——那時候她才發現自己對他的愛已經無法自拔了。

愛著別人的男孩，全然不在乎女孩的感受，對她訴說著他對另個一個女孩的愛：「我真的很喜歡那個女孩，她的眼睛，她的臉，像是仙女，我多希望可以拉著她的手，和她一直走下去。」她聽著他痴迷的描述，心如刀割。

他沉浸在他的愛，看不到她的傷心。

她壓抑著心頭的痛苦，笑著鼓勵他去勇敢追求。他說，如果她想幫他，那就幫他寫一份情書吧，他知道她的文筆，足以感動任何人。她啞然失笑，他居然要求愛著他的自己，為他寫一份追求別的女孩的情書。

她覺得自己的愛，滑稽而可笑。但她還是答應了他。

那份情書，她是含著淚寫完的。千言萬語，說盡的，其實都是她對他的深情眷戀，每一字每一句都是心的呼喚，借此緬懷，情之所至，感人至深。他看到情書時，一臉驚訝，他說她的情書感動了他，也一定會感動那個他愛的女孩。

可是，他卻不知道，她的情書是寫給他的，卻無法喚醒他的愛。

情書送出去後的那個晚上，男孩找到女孩，醉得東倒西歪，一個大男人，淚流滿面。她知道他被拒絕了。

男孩倒在女孩的懷裡，哭述著對另外一個女孩的愛，以及對方的無情。那一刻，對他的心疼伴著對自己的愛的無奈，女孩淚流滿面地一直不停地對他說：「你是最好的，你是最好的，忘了她，忘了她，你還有我……」

「在我心裡，你是最優秀的，我愛你！」她抱著神志恍惚的他，說出心底最大的祕密！

為了幫他走出痛苦，她找到了那個女孩。那的確是一個美麗的女孩，烏黑飄逸的長髮，白皙乾淨的臉龐，一雙清澈的眼睛，學習成績也很好，標準的完美女生。

她知道自己在女孩面前，黯然失色。

她問女孩為什麼那樣傷害他？女孩直截了當，她說喜歡她的男孩很多，她對他沒有感覺。

女孩的平靜激怒了她，她心裡的他那麼美好，她不允許任何人褻瀆他。看著她極力為他爭辯而漲紅的臉蛋，聰明的女孩看出她喜歡他，丟下一句話：「喜歡他就告訴他啊，為什麼來找我。」

看著女孩遠去的身影，她久久回不過神來。

女孩的話喚醒了她，她決定向他表白。

見到他時，他已被失戀折磨得形容枯槁。對他的心痛，加上對自己情感的無奈，她聲淚俱下：「你為什麼要這樣折磨自己？為了一個不愛你的人值得嗎？你難道不明白誰才是真正在乎你的人嗎？」

「住口，妳根本就不了解我有多愛她，沒有她我根本就不能活，妳懂嗎？」她看著他為了別人而留下的淚，這些年所有的痴愛情傷堆積在一起奔湧而出：「我不明白，我不明白，我一直愛著你，可你卻愛著別人，我用滴著血的手，寫著你要送給別人的情書，我的心有多疼你知道嗎！」

丟下這些年一直想說而從未說出口的話，她轉身飛奔而去……

她就那樣一直跑著，一直跑著，耳邊的風猛烈地吹過，似乎要把這些年所有孤獨的付出，通通吹散到風中……

＊　＊　＊

愛上一個人，是那麼的身不由己，他闖入了你的心，奪走了你的心，可他卻不屬於你。明知所有的眷戀，終將化作塵埃，可還是無法自拔地愛了。

愛原本是兩個人的事，是兩個人走進一個世界的契機。而那個心有所屬的人，心裡滿滿的都是別人，他的心太擁擠，任憑你傾盡所有，卻永遠都擠不進去。

你在他的世界之外，觸手可及之處，是寂寞冰冷的苦楚……

傾盡一生溫柔，最終卻徒留冰冷

愛情的最初，付出的那一刻，是傾盡一生溫柔的飛蛾撲火。被焚燒到痛徹心扉的時候，才頓悟，愛情沉浮起落，需要清醒看透。哪個人，是配得上並讀得懂，你傾盡一生溫柔去愛的真心。

千山萬水，我為你而來，只為你那驚鴻一瞥，我願為你傾盡一生溫柔。來不及考慮我的付出，換來的是神情回眸，還是冰冷遲暮，我便獨自在自己的轟轟烈烈裡死去。

她的愛，是飛蛾撲火。

她的愛，每一筆，揮之而出，皆是濃墨重彩。她以為這樣的愛情，會燦爛了年華，會溫暖了歲月，會照亮了彼此。她不知道，這樣的愛情，太炫目，太刺眼，讓那個想要被感動的人，睜不開眼睛，亦看不見她最真誠的內心。

世事如霜，她所有的付出，在他的眼裡，都是心甘情願，都是理所當然。

傾盡溫柔，換來的卻是溫暖不了的冰冷……

＊　＊　＊　＊

她的愛，來到太早。以至於多年後，她那麼後悔，自己過早得在不懂愛的時候，卑微的愛了那麼多年。

那段愛，是她的惡夢。

那年女孩剛上高一，那是個滿腦子都是浪漫愛情的年代。

她是一個簡單純粹的女孩，她以為的愛情，是小說裡的唯美，以為只要愛著，就可以在彼此的深情裡海枯石爛。

每一個少女對愛情的憧憬，總是武斷地用自己的想像無限度、無原則地誇大渲染著愛情的美好，或許根本就是自我的編排，像是一部自導自演的電影，卻在那個懵懂的時候，那麼真切地感動著自己。

於是，在她的心裡，未來的那個突然出現的人，一定是她傾盡一生溫柔去愛的人愛到感天動地……

那個人出現的時候，是她不可預期，注定被傷害的時候。她不知道，那段並非真愛的玩弄，被她憧憬的心幻化成了真愛。

那一天，在同學的生日聚會上，男孩出現了。他是同學的哥哥，帥氣的臉上掛著玩世不恭的神情。他一眼就看到了她，男孩知道，這個純美可愛的女孩，就是那個他輕易就能捕獲的獵物。純潔如一張白紙的她，被他玩世不恭的氣質吸引。

世間所有純澀年代愛的傷害，都是純情少女愛上魔鬼的故事。

那天下午，他們一起去唱歌，她的聲音很乾淨，他對她開始「施法」，用火熱的眼神望著她，她怎能沒有感覺。

於是每天下午，男孩都會在女孩的校門口等他，剛開始她避而不見，故意繞遠路也不要看到他，她知道自己被他吸引，她怕愛一旦開始，就會覆水難收，她知道自己還有學業要繼續，她不能讓自己陷進去。

那天，在校門口的轉角處，她被男孩攔在路口。對方問她為什麼要躲著自己，他的眼神憂鬱。男孩對女孩說：「我真的很喜歡妳，妳卻那麼絕情，一點餘地都沒有嗎？」看著男孩的眼神，她知道自己完了。

她很快成了他的獵物。剛開始的時候他對她相敬如賓，沒有任何僭越之心，他用他的欲擒故縱吸引著她對純美愛情的嚮往之心。單純的女孩也理所當然地陷進去。

她在自以為的美好愛情裡，愈陷愈深。

她愛得痴狂，她願意為愛傾盡溫柔。

她們在一起兩個月，她無心專注學業，成績頻頻下滑。在她的生日那一天，他吻了她，那種感覺很美妙，像極了她憧憬了無數次的感覺。

高三那一年，她開始放棄學業，不聽家人的話，變得很叛逆。

就在學測即將到來的那段時間，一次醉酒後，他們發生了關係。她以為這是愛得轟轟烈烈，這是愛得不計一切。

她不知道自以為的唯美愛情，毀了她的學測，毀了她的大學夢，毀了她的一生……父母得知她有了男朋友，一怒之下決心帶她離開。滿心幻想的她，看不到父母的憂心忡忡，看到的是自己不切實際的愛情幻想。那一次她做出了這一次最荒誕的決定——跟著他私奔，拋下學業和父母，離開了自己長大的地方，去了陌生的城市。

她以為的執子之手，沒有到來。

兩個沒有學歷、沒有工作的人，住在簡陋的出租套房，不久之後兩人便徹底身無分文。艱難的日子，沒有讓男孩對女孩心疼憐惜。他的壞，在這一刻展露得淋漓盡致，他整天跟朋友出去玩，曾經在少女眼裡的帥氣與玩世不恭，在現實中變成了赤裸裸的為所欲為。

而女孩的心思，還是活在愛情的純美中。不管未來多苦，她願意對他傾力相助，哪怕，粗茶淡飯；哪怕，家徒四壁。

為了養家，她開始出去賺錢，可是沒有學歷的她找工作是多麼的容易。

不久後，她進入一家私人會所擔任小姐，第一天，她就發現經理色眯眯地盯著她看，她很害怕，但是為了她的愛情，她堅持留下來。直到有次經理趁著沒人，對她不敬，她落荒而逃。

女孩淚眼婆娑地回到套房，受傷無助的她心裡想著，至少還有男孩，只要他在，所有的恐懼，都會被溫暖。

他背對著她躺著，對哭泣的她咆哮著，說他不想看到她哭著臉的樣子。

女孩衝到浴室，哭得撕心裂肺，那時候的她很想回家，可卻依然無法放棄那份幻想中的美好愛情。

於是一直在堅持，不停的堅持……那個夏天，她頂著火辣辣的太陽，一次次地尋找後，終於找到了一份清潔人員的工作。而無所事事的男孩，看著她艱難地支撐著她們的生活，心安理得地以為她的付出是心甘情願，理所當然。

愛到此景，已是卑微，她卻以為再累都是值得的。

她在她愛的瘋狂裡，傾盡全力。

張愛玲說：「見了他，她變得很低很低，低到塵埃裡，但她心裡是歡喜的，從塵埃裡開出花來。」

她就是這樣。

刺骨銘心的惡夢，始於那次不幸的懷孕。進入手術室墮胎那天，女孩萬念俱灰，眼神空洞無望。他卻不知去向。

三天後，為了維繫苟延殘喘的生活，為了不讓男孩為生計焦慮，女孩撐著搖搖晃晃的身體走出家門，打算繼續上班。

遠遠地，她看見他懷裡摟著一個女孩。

那一刻，她心灰意冷，痛苦的淚痕滑過臉頰……

想要傾盡一生的溫柔去愛，最後卻成了被輕賤的傷害。

＊　＊　＊

愛情的最初，付出的那一刻，飛蛾撲火的壯烈和衝動裡，還來不及考慮值不值得。

就那樣義無反顧地，衝鋒陷陣……

愛意濃烈的深情，在現實中，轉眼間就變得殘破不堪。

那些幻化於心的幸福，被世事塵煙攜裹著，漸漸走向暗淡，漸漸看清事實……

於是，被焚燒到痛徹心扉的時候，才頓悟，愛情沉浮起落，需要清醒看透：哪個人，是配得上並讀得懂，你傾盡一生溫柔去愛的真心。

放棄尊嚴的愛，唯有千瘡百孔

愛是尊貴的情感，卑微的愛，會被碾壓成塵埃，被無視成輕賤。低到塵埃裡的花，注定枯竭而亡。因為，愛不是俯視，更不是仰視，愛是和愛的人站在一起，彼此對望時，惺惺相惜的眼神。愛，是仰起頭，向著彼此的陽光，綻放……

愛是兩種姿態。

愛是草，愛是樹。

愛是草時，便是張愛玲眼裡的，愛到深處是卑微。她看著對方在自己的世界裡來了又去。而她為了這樣一個如風不可捉摸的男子，變得很低很低，低到塵埃裡去。本是一個清傲而又有才情的女子，為了一個男人甘願低到塵埃裡去，憧憬著從塵埃裡開出歡喜的花來。

低到塵埃的乾涸，怎會開出花來？

愛如草，低到沒有尊嚴，低到看不到陽光雨露，終將荒草飄搖……

愛是樹時，便是情人眼裡，最值得依靠的海誓山盟。

沒有攀附、沒有羨慕、沒有仰視。兩人是並肩而立的平行線，執手相看兩不厭。

＊　＊　＊　＊

她的愛情，注定是一場孤獨的付出。

從國中時，第一眼看到男孩，女孩就開始了卑微的喜歡。他品學兼優，陽光帥氣，注定成為很多人追逐的仰慕者。

而她的成績一般，相貌平平，是那種走在人群裡很快被淹沒的女孩。

那份壓抑在心底的喜歡，糾纏在青春的歲月裡，成了她心頭甩不去的牽掛。

第一次驚心動魄的表白，他面無表情，沒有一點意外，沒說同意，也沒說不同意，也許他很享受被喜歡的感覺，也願意在不明不白的曖昧裡接受她對他的好。

她真的對他很好，為他織手套、織圍巾，為他占位置，為他洗衣服、洗襪子。她似乎已經扮演起了女朋友的身分。

可是他卻經常對她吹毛求疵。說她編織的圍巾不夠時尚，說她占的位置太偏遠，她跑了好幾條街幫他買的襯衫，他覺得太難看。

這種卑微的愛，一直持續到學測。

因為一心所繫皆在他身上，成績原本就一般的女孩，最後只考到一所普通的大學。成績優異的男孩，很順利地考到了名校。兩地阻隔的不只是兩個人，還有兩道無形的差距……

起初還有聯絡，但是後來男孩漸漸不再理會女孩每天的噓寒問暖。她知道他的冷漠，會被距離加深。思念一個人的苦澀與甜蜜都是孤獨的，明知他的好不屬於她，可她卻任憑他在自己的記憶中被無限放大，彷彿天底下只有這一個好男人。

喜歡一個人的時候會低到塵埃裡，她不想再這麼放任自己，可是卻又無能為力。

還好畢業後，女孩得到了一份喜歡的工作，雖然收入不高，但她做得很開心。日子在簡單中度過，但思念男孩的波瀾卻一直沒有停下。雖然她的身邊不乏追求者，但她一直沒有戀愛，心有所屬，容不下別人。

直到那次同學聚會，讓兩人重逢。再次看到男孩的時候，女孩的心狂跳不止。如今工作也十分出色的他，帥氣裡多了一分成熟，更讓她欲罷不能。那次的聚會上，她緊張得不知道說什麼，她得知高傲的他一直單身，她不斷地問自己：「我要再次表白嗎？」

第二次的表白，他還是絲毫不驚訝，聰明的他一直都了解她的心思，他也願意讓她圍著自己轉。她願意為他付出一切，只要能跟他在一起。

卑微如她，瘋狂如她。

為了與男孩廝守，她決定辭職。那是她最喜歡的工作，主管很詫異，她一畢業就來到公司，從什麼都不會，主管對她的知遇之恩，她都懂。而她突然離開，對主管的傷害，她也懂。但，為了她卑微的愛情，她已經不顧一切了。

在他面前，她注定是低到塵埃裡的野草，沒有溫暖，沒有浪漫，只有蕭瑟。他工作很忙，每次見到他都是形色匆匆，心不在焉。女孩沒有見過男孩的同事，更沒有見過他的親友，她像是一個被遺忘在愛情角落的小丑，在遠離她愛人的世界之外，獨自吞著一個人的苦澀。

她知道，如果他愛她，一定會挽著她的手，出現在他的親人朋友面前。但是一直都沒有。

那一次，男孩打電話告訴女孩，他要去參加一個朋友的婚禮，她趁機要求一起去，還打趣著要和他夫唱婦隨。他委婉拒絕，那一刻，她心如刀割，她知道，他不想讓她出現在他的朋友們面前。但她什麼都沒說，愛一個人是寧肯把委屈往肚子裡吞的。

她預料到，她的愛情注定是一場無疾而終的路程。

在那段痛苦的相處中，他們的矛盾愈來愈多，他的缺點也逐一顯現，可是，她卻始終在沒有底線的包容裡妥協。她從來不敢奢望他的愛，為她綻放，只要他願意留在她的身邊就好。

那一次，他們遇到了情侶之間最敏感和難以跨越的話題。

她一直認為，她的第一次，是要留給愛她的人，她要的是情之所至的美好融合。她不知道這樣飄忽不定的他，是否值得她這樣無法無所顧忌的交付。

所有的衝突最終落在這件事上，他用看似美好卻無恥至極的理論道出了自私的心聲：「妳如果愛我，就不應該在這件事上有所保留。」

她知道，如果他愛她，就不會強迫她。

一次次吵鬧、冷戰後，她看到他漸漸疏離的心，她惶恐不安，她害怕失去他。

於是，那個可怕的念頭在心裡醞釀：「既然喜歡，為什麼不敢跨出那一步？」

她打電話給他，第一次，他那麼迫不及待地飛奔而來。簡單的寒暄之後，他直奔主題。她目光茫然地盯著天花板，憧憬著身體的交融，必然換來愛情的棲身之處。

他的樣子，彷彿這些年所有的過程，都是奔向這樣的一個結果。

憧憬的愛情沒有來，三個月後，她從朋友那裡得知，他結婚了。如雷轟頂的消息，徹底將她擊垮，暈倒的她被送到醫院……

六年的時光，一段低到塵埃裡的愛情。

她用她的卑微，縱容了他的自私，也傷害了自己的情感……

＊　＊　＊　＊

愛是尊貴的情感，卑微的愛，會被碾壓成塵埃，被無視成輕賤。剩下的，只有落花流水春去也。

低到塵埃裡的花，注定枯竭而亡。

愛不是俯視，更不是仰視，愛是和愛的人站在一起，彼此對望時，惺惺相惜的眼神。愛，本應該是一種讓彼此變得更美好、更溫暖的情感……

愛，是仰起頭，向著彼此的陽光，綻放……

傷害自己，也阻止不了漸行漸遠的距離

愛到濃情蜜意時，太專注地把全世界給了一個人。可突然，那個人變了，愛情的世界開始風雨交加。

所有關於他們之間，愛情的美麗誓言，轉眼間變的殘破不堪了。於是，她慌了，於是，她用證明壯烈愛情的自傷自殘，以為可以激起那個人的憐惜之心，以為可以挽留住那個人日漸冰冷的疏離。可是，她錯了……

愛到深處，有時候會壯烈到不可思議。

那是愛到濃情蜜意時，太專注地把全世界給了一個人，那個人從他們的全世界路過，突然漸行漸遠。

被遺棄的內心，剎那間兵荒馬亂。

不久前，還彷彿，世事煩擾，都不會淩亂他們的愛情。

可突然，那個人變了，愛情的世界風煙彌漫。

所有關於他們之間，愛情的美麗誓言，轉眼間變的殘破不堪了。

怎麼可以，怎麼可以改變？說好的至死不渝？說好的白首不分離？

就這樣，走著走著，就散了，回憶都淡了；看著看著，就累了，星光也暗了；聽著聽著，就醒了，開始埋怨了；回頭發現，你不見了，突然，我亂了。

溫暖相依的那個人，漸漸放開了手，她追上去想要握住，卻是冰冷刺骨……

於是，她慌了，怕了，不知所措了。

於是，她用證明壯烈愛情的自傷自殘，以為可以激起那個人的憐惜之心，以為可以挽留住那個人日漸冰冷的疏離。

可是，她錯了……

＊　＊　＊　＊

愛情的最初總是美好的，以至於後來失去時，曲終人散的落差才顯得那麼殘破不堪。

她的愛情開始時，或許太過美麗。

他們屬於一見鍾情，大學校園的愛情似乎都是這樣的千篇一律。男孩熱情直接，女孩矜持狡黠。她看懂了他的征服欲，於是和他玩著貓捉老鼠的遊戲，心裡卻早已巴不得立刻撲上去。

女人還是會被男人瘋狂的追求折服。他們在一起了，以最甜蜜的方式。

他們的確愛得熱烈，校園男女裡，總有他們穿梭的身影。每一次見面，恨不得把這世間所有的情話說盡，每一次短暫分開，又不得不獨自咀嚼離別的苦澀滋味。

她是個缺乏安全感的女孩，在男孩身邊，她總會把手放在他的手心裡，他就那樣一直握著，彷彿一鬆手就會失去她，彷彿她就是他掌心裡的寶貝，他要用一生一世去呵護她。

愛情的甜蜜，到哪裡都是芬芳，於是愛的路上，總有那麼一段鳥語花香。他們恨不得用愛的腳步丈量每一個角落，以此見證愛的山高水長。就像那一次，他在校園裡的湖邊突然吻她，引得路邊的行人紛紛側目，眼裡都是羨慕；就像那一次，他拉著她的手舉著兩根糖葫蘆，像傻瓜一樣滿嘴都是黏膩的糖塊，那一刻，整條馬路成了他們愛的表演。

那天剛剛下了一場雨，滿天的蝴蝶振動著輕盈的翅膀在彩色的天空下飛翔，她倚在他的懷抱裡，吃著男孩放進自己嘴裡的櫻桃，聽他講小時候的趣事，她笑得幸福而甜美。他忽然撥過她飄著長髮的頭說：「快點長大吧，長大了就嫁給我。」

愛情，成了她人生的美麗憧憬，和全部動力。她習慣在每個醒來的早晨想他，想他們的未來，想著他用手指拂過髮絲間的溫暖，這種暖，會成為她一輩子的眷戀。

這一愛，就是五年。

本以為愛情，會這樣細水長流，有彼此的地方，就是春天。

可愛情的世界有時，會忽然風雨飄搖。會漸漸走向凌亂，繼而無味，最後厭倦……

不是生活太無情，是人們守不住內心的純粹。

現實，擊碎了內心的純粹。

畢業後，他們像所有的年輕人一樣，成了這個城市裡朝九晚五，為生活努力的成年男女。艱辛的工作，微薄的薪水，理想與現實間的落差，消磨著他的儒雅謙和，他變得虛榮浮躁。

她察覺到他的變化，她不止一次暗示他，只要和他在一起，就是幸福，她不需要錦衣玉食，她只需要他的愛。而自尊心交織著自卑心，已經讓他的愛情和精神淪陷，他迫不及待地想要接近他一直憧憬的成功。

於是，男孩開始變得心不在焉，他開始習慣性鬆開與女孩緊握的手，他逐漸流露的冰冷，讓她恐慌。每次面對她的質疑，他總是理直氣壯地以「為了事業為了妳」為藉口，來掩蓋讓她不安的忽視。

女人的愛情，總是在一個不經意的瞬間變成敏感的猜疑。她不想成為他可有可無的影子，她懷念曾經她們一起共度的美好時光，那種從熱烈到冰冷的情感落差，讓她總是在暗夜的獨自回憶中淚水連連。

她嗜愛如命，以為愛情就是一切。

心高氣傲的他，辭職後創立了自己的公司，一心想著透過創業來證明自己作為一個男人的能力。

愛情，還是敗給了現實。

從他決定開始自己創業做公司，他們的感情就更加走向疏離。

回憶成了最美的心事，從前的浪漫一去無蹤。曾經的他，總會出其不意的把一束花遞到她的面前，然後摟著滿臉紅暈的她，說著她最喜歡的情話，描繪著未來的生活模樣……而現在，她只能看著他應酬回來後，趴在馬桶上嘔吐，揮酒精和煙味都成了她心裡的痛。

但是無論如何，她從未懷疑過他們的愛情，她以為只是事業占據了他全部的心思。而那個午後，她卻徹底崩潰了……

那段時間，女孩很少看到男孩，甚至很少有他的消息，每次他都說公司裡事情太多，應酬也很多，各項的案子占據了他的生活。她看著他閃爍的眼神，她慌了，徹底慌了，她看到愛的危機，她們的愛情在風雨飄搖中終於爆發了。

那個穿著性感的女人找上門來的時候，她在眩暈恍惚中還是相信了眼前的一切都是事實，她把包包向後一甩，穿著高跟鞋進門，說要來找她的男人。

老闆和女客戶的外遇，好像電視裡的劇情。一場應酬的眉來眼去，他對這個女人竟然產生了迷戀，事業上的協助，身體上的放縱，讓他徹底沉淪。

女孩瘋了一般含著淚狂奔出去，站在冬日的天空下拿著手機打電話，她哽咽著、咆哮著、嘶吼著，問男孩為什麼這樣對她？然而他的聲音平靜地讓她害怕，還反過來指責她怎麼還像個小孩，這樣沒有理智的行為很可笑。他還說，對方的瀟灑和工作能力讓他覺得自己是那麼的所向無敵，而她的憂鬱讓他壓抑而又有些無奈的沉重……

從曾經濃鬱的愛，到現在無恥的背叛，讓她沉底瘋狂。

萬丈紅塵，是條不歸路。

這麼多年的感情像一片飄零在秋天的葉子，而她卻無力回天。對她的傷害，他沒有說過一句道歉的話，即使是在那一個個她哭聲震天的夜晚。她企圖用瘋狂的行為來激起他的憐惜之心，挽留他日漸冰冷的疏離。

她去酒吧買醉，喝到不省人事，頭痛欲裂的眩暈和翻江倒海的嘔吐之後，她對他打了電話，電話裡，她酒話連篇，又哭又笑地述說著她對他的愛，對過去的懷念，對他們情感的不捨，對他的傷害感到多麼悲痛……本以為足以感天動地的表白，可以溫暖那顆冰冷的心，可是她錯了，男孩掛掉電話後就一直沒有出現……

她去了兩人曾經約定一輩子相守的海邊，一個人流著淚在海灘邊奔跑，跑到精疲力竭，跑到頭暈目眩。最後徑直走向海水裡，失去理智地愈走愈遠，她太痛苦了，她想讓海水淹沒自己的痛苦……就在快要溺水的瞬間，她被救了起來。那時，她打電話，懇求他來看她如何死裡逃生，言語裡充滿悲涼。但最後他還是沒有來……

最終，她還是瘦得如寒風中搖擺的一張剪紙，飄零而又落寞。

她的自傷自殘，並沒有感動他……

後來有一天，女孩約男孩到家裡。她拿出一瓶紅酒，說想跟他喝一杯。他的眼裡，片刻的柔和後是有些心不在焉的急躁：「有什麼事，快說吧，公司很忙，晚上還有一個應酬。」

「忙、忙、忙，你是在忙你的情人吧？」她最後的耐心終於在她的冷漠中爆發，她一把掃落餐桌上的紅酒，隨著碰的一聲巨響，玻璃碎片四處飛濺，她拿起一塊尖銳的玻璃，帶著絕望的神情，劃向自己的手腕。

血順著動脈噴發而出，她無力地狂笑著，接著倒了下去……

醒過來時，是在醫院裡，睜開眼，男孩仍然不在身邊。護理師給了女孩一張紙條，說是送她來醫院的一個男人留下的。只見紙條上寫著：「不要試圖再用自我傷害的方式挽留我，沒有用！」

這幾個字，代表他狠心的決絕，徹底刺痛了她的心。

她終於明白，卑微的自殘行為，終究挽留不住已經冰冷不堪的情感……

＊　＊　＊　＊

愛情如世事，總會飄搖不定。

當愛情突然淪陷，變得面目全非。依然殘破的心，不能再自傷自殘。

任淚水流過傷痕後，收拾起凌亂的心情，任外面的世界飛花落月，心，依舊高貴地愛著自己。

第三堂課

從奮不顧身到心力交瘁，最後徹底萬念俱灰

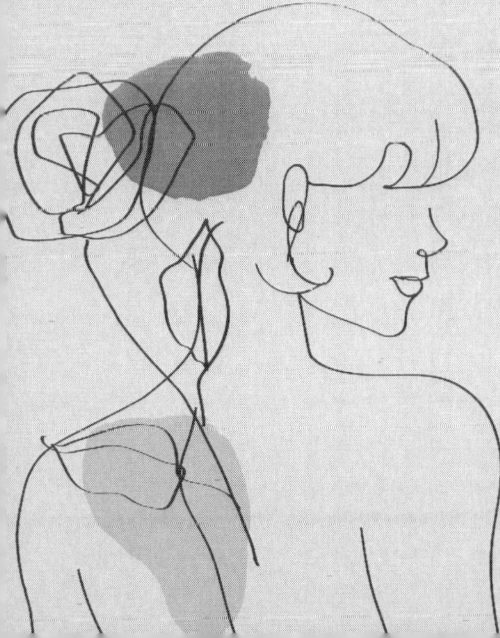

愛已瘋狂燃燒，如今只剩灰燼

他們是這個世間最普通的男女，都在期待一場奮不顧身的愛情。

愛情在最美麗的年華，總有美麗得彷彿不食人間煙火的盛開。那是一場不計後果、不屑現實的情愛傳說，傳說裡的公主和王子，以為他們的愛情彷彿水晶，晶瑩剔透到照不出現實的雜質。

世間所有的美麗，都經不起無常現實的算計。

突然有一天，

她心力交瘁的以身相許，在柴米油鹽的光陰裡，變成了他不想珍惜的負擔……

他不計代價的奮不顧身，在赤裸的現實誘惑裡，變成了她想要逃離的背叛……

於是，從最初的奮不顧身到心力交瘁，最後卻落得萬念俱灰的下場……

愛，在瘋狂裡，變得無比弱智和滑稽。不是愛錯了，不是瘋狂錯了，而是沒有愛的慧眼裡，瘋狂的愛，錯給了不值得的人。愛，有時需要冷暖適度。愛情適宜的溫度，可以溫暖兩個人的似水流年。

瘋狂的愛，是一場煙火蔓延。

在那次臉紅心跳的相遇後，似乎沒有如火相愛，就辜負了那麼美的遇見。

於是，兩顆滾燙的心，帶著飛蛾撲火的烈焰濃情，碰撞在了一起……

激情的感覺，心神搖曳。

愛情適宜的溫度，可以溫暖兩個人的似水流年。

可愛情若產生太過灼熱的溫度，是否可以燃燒到天荒地老？

不！

燃燒後是一場瘋狂又稍縱即逝的煙火秀。

煙火熄滅後，灼傷的疼痛，嗆人的刺鼻，伴著眼淚湧出來。透過淚眼朦朧，他們會清楚看到——

曾經愛已瘋狂燃燒，如今只剩灰燼。

＊　＊　＊

愛的最初，總是在瘋狂裡開始的。

她的愛情，像所有的年輕人一樣，開始於那個激情蔓延的青春時代。那個像風一樣的男孩，突然就闖進了她的世界，推開了她的心門。那一年，他們剛上高一，本來應該是一個專注於書卷與探索未知領域的年代。

可是，愛情在那個特定的年華裡，總會來得那麼得毫無理智。他長得帥氣，個子很高，一臉陽光英俊。情竇初開的她，沒有理由不喜歡上他——兩人就這樣相戀了。那個時候的她，單純得以為世間只要有愛情，就有了一切，所以學業在愛情面前，也顯得不再那麼重要。於是，無心學業只要愛情的她，學測落榜。而男孩也因為沒考上理想的大學，也失去了讀書的信心。

年輕時的愛情，像是個美麗的謊言，掩蓋著現實的殘酷性。那時的她，愛得如火如荼，和他一起在鄉下找了一份工作，很快就見了家長，確定關係。她挽著他的胳膊，他握著她的手，彷彿將彼此愛的溫暖和生機完全地握在了手心。

工作和家人，愛情此刻似乎穩當得讓她以為從此以後就是一輩子的不離不棄了。一年的情愛時光，疾走如飛。聰明伶俐的她工作出色，主管便提議送她去國外深造，以後必會前途無量。她欣喜若狂，女孩原本就有無限的潛力和能力，只是高中時因為感情耽誤了學業，這次是一個難得的絕佳的機會。當她把這件事告訴男孩後，他並沒有表現出驚喜的神情，其實她完全可以就此看出他的自私，但是瘋狂的愛蒙蔽了她的眼睛。

他說，他為她高興，但是也為她要出國離開而感到悲傷，他是男人，讀書賺錢養家的事，應該由他來完成。其實，她完全可以看出他的別有用心，可是瘋狂的愛情矇住了她的心。聽了他的話，她不但沒有質疑，反而以為他所做的一切都是為了分擔她的生活負擔，她感動地撲進他的懷裡，馬上表示支持，只要他願意繼續讀書，她願意做背後支持他的女人。

趁機，男孩提到了學費的問題，他拮据的家庭是她一直來都了解的，再加上父母身體本身就不太好，家裡的積蓄也是捉襟見肘。

她愛他，非常瘋狂，愛得沒有心機也沒有城府，以為奮不顧身的付出，必換來惺惺相惜的守候。為了將來，女孩下定決心，要賺錢讓男孩上大學。而要讓男孩上學，她要做出的最沉重的代價就是——放棄自己出國深造的機會。

她以為，為了愛情不顧一切的賭注，是值得的。

她不曾想到的是，最初奮不顧身到心力交瘁，最後卻萬念俱灰到絕望心碎。

那一年，男孩坐上了南下的火車，去南部讀大學。

而女孩留在家裡，開始了早出晚歸、上班賺錢的生活。

母親的反對敵不過女孩的堅持，母親只能選擇默認。從男孩走後，她就承擔起了照顧雙方父母的重任，他的父母對她自是不勝感激。但單純如她，瘋狂如她，她認為愛情裡的兩個人，是不分彼此的，她所有的付出都是應該的。

愛沒有錯，愛的奮不顧身也沒有錯，可是，錯就錯在，把最好的愛，給了錯的人！給了不懂珍惜的人！

這又是一個老套的故事，但就是這樣老套的故事，卻總是在愛情的世界裡悲傷地上演著！

剛分開的那一段時間，思念在兩個人的心裡，如花草般滋長著。每天必不可少的電話與簡訊裡，說不盡無數相思如潮。他們聊了很多以前在一起的美好回憶，也憧憬著以後的事情，描繪著未來在一起的藍圖。她們談到了什麼時候結婚，什麼時候生子，什麼時候買房子，甚至家庭支出由誰掌握等等。

她滿心幸福地暢想著未來的生活……

她從沒想過，他會始亂終棄。

那是男孩就讀大學的最後一年，期盼學成歸來的日子已近在眼前，這四年她拚命工作賺錢，讓男孩不愁吃穿，等的就是這一天。可是，這段時間的他，忽然變得很忙，簡訊不回，電話不接，有時候講電話還經常一副心不在焉的樣子，曾經說不夠的甜言蜜語，他開始無心地敷衍……

女孩的第六感讓她感覺事情不是那麼簡單，她要求去學校看他，可是男孩卻以各種理由阻止。她試探著問他是不是變心了，可他卻信誓旦旦地說他只愛她……

單純的她，在他的誓言面前，收起了所有的戒備。一如既往地拚命賺錢，一如既往地省吃儉用，繼續讓他毫無壓力地度過大學的最後一年。她仍然寄給他學費和生活費，並小心翼翼地等待著他學成歸來後兌現他對她的承諾，一起展開她憧憬的幸福日子。

期盼已久的日子終於來到，她以為會等來的幸福，卻變成了晴天霹靂，抹碎了她曾經夢想了無數次的幸福，也摔碎了她的心。

那一天，男孩學成歸來，女孩在他家門口等待，等來的是他和另一個女人手挽手出現在她的面前。她不敢相信眼前的一切，片刻的眩暈之後，她歇斯底里地扯著他的衣服，讓他給出一個解釋和交代。

原來，那個女孩是他的同學，大學最後一年的時光，他們就在一起了。他眼神裡閃過片刻的愧疚之後，便是一臉的不屑，他說他知道自己對不起她，學費以後會還給她，他現在已經是見過世面的大學生了，而她還是一個沒有學歷的鄉下女孩，他們之間已經沒有共同語言，更不可能站在同一個起點了，強扭的瓜不甜，他希望她能成全他……

看著他自私的嘴臉，再看著自己，最後看向那個女孩光鮮亮麗的外形……她忽然像是被無情的現實狠狠地抽了一個耳光，那麼諷刺，卻也那麼刺痛，她聽到心碎的聲音，伴著她歇斯底里的嗚咽聲，在悲傷的空氣中飄蕩。

那是絕望的呼嘯，瘋狂燃燒的愛，最後灼傷的，卻是自己……

剩下的，是不留一絲溫暖的灰燼……

＊　＊　＊　＊

愛，在瘋狂裡，變得無比弱智和滑稽。

不是愛錯了，不是瘋狂錯了，而是沒有愛的慧眼裡，瘋狂的愛，給了不值得的人。

於是，你的瘋狂，成了他的肆意和無謂。

無情不似多情苦，多情空餘恨。

所有的燃燒，都是瞬間的烈焰濃情，本以為烘暖了彼此愛的來時路，最後卻冷卻了他的人，灼傷了自己的心……

對方的冷，是因為你的心甘情願驕縱了他的肆意輕賤。

你的痛，是因為瘋狂的愛被無情的心瞬間撲滅。

愛，有時需要冷暖適度。

奮不顧身的壯烈，在世事無常裡毀滅

所有的奮不顧身，都是一種孤注一擲的賭注。是輸是贏，無人知曉。誓言美得讓人顫抖，美得讓人願意壓上一生的賭注，去等待那個被描畫了無數次的夢，可以在現實中綻放。可是，愛是泡沫，經不起太長的等待。也經不起奮不顧身的豪賭。世事總是無常，誰都不能保證誰的幸福，不是嗎？

愛上時，「我」已不再屬於「我」。「我」在遇到「你」之後，「我」的全部都是「你」的。

愛，是魔咒，讓人奮不顧身到匪夷所思，彷彿不把一切給那個最愛的人，就辜負了愛的一往情深……

那是一張精心布置的情網，深陷其中時，便無法自拔。那個站在網中央的人，被灌了愛的迷藥，拼命地吐著愛的絲，織著愛的網，從沒想過如此這般的付出，會不會在未來的無常裡毀滅。

奮不顧身的壯烈，忘我的愛裡，沒有了「我」，被愛的那個人心裡，也裝不下那個「你」。

奮不顧身的壯烈，不分彼此的愛裡，沒有了距離，被愛的那個人心裡，是想要自由的逃離。

愈是逼近，愈是疏離。

愈是傾力，愈是無力。

愈是不顧一切，愈是一切全無……

愛，有所保留，才會有所餘地……

＊　＊　＊

有些奮不顧身的愛，是一種純樸裡靜靜流淌的壯烈，沒有歇斯底里，沒有信誓旦旦，卻固執地潛藏在心底，翻騰著只有自己知道的漣漪……

就像她的故事。

她是一個純潔美麗的女子，那時的她總是喜歡坐在和他第一次見面的水岸邊，撐著臉望著遠方，眼神裡滿是期待的柔情。清澈的河水映出了她溫婉的臉龐，許久之後，她回過頭來，看著水中的倒影，看著自己因為思念而憂鬱的臉。女為悅己者容，只是不知她的悅己者歸期幾何。

不遠處，岸邊的男子們總會坐在河邊的大石頭上看著她，一些頗為她的美麗動容的男人們，還會挑釁似的對著她唱起了情歌，她會紅著臉低下頭，裝作沒有聽到。而那些坐在河邊洗衣服的女人們，話裡有話地對著小夥子們喊道：「別獻唱了，人家心裡已經有人了。」

是的，她的心裡一直裝著一個人，她願意奮不顧身地等他愛他，所有再也容不下別人。

日子就這樣一天又一天，平淡的度過。

而她奮不顧身的心，卻在歲月裡等成了煎熬……

她喜歡去的第二個地方，就是鄉下的郵局，「今天有我的信嗎？」她顫抖的聲音裡充滿了期待。

看著對方一如既往地搖搖頭，失望戳痛了每一分每一秒等待裡期盼的心。

女子含著淚轉過頭，快步如飛，一路小跑，開始在路上狂奔，任淚水如雨滴在風裡飛，彷彿這些年所有為愛奮不顧身的痛苦等待，都會在這一刻被甩在身後。

關於那個讓她苦苦等待了那麼多年的人，質樸內斂的她寧願壓抑在心底，也不願向任何人提起。她知道這樣的等待也許根本就不值得，也許對方早已將當年的承諾忘記，也許對方已經開始了自己的愛情生活也也未可知。可是，愛到奮不顧身的狂熱，連她自己都控制不了。她知道等下去也許是無疾而終，孤獨收場，但是，她還是願意等下去……

那一年，她十九歲，她是鄉鎮裡最漂亮的女孩，而那個人是鄉鎮裡最英俊的男孩，他們是青梅竹馬，兩小無猜，是公認的金童玉女。在戀愛的季節裡，他們甜蜜的影子灑滿了整個村落。

可愛情終會遇到現實。那幾年，農作物收成不好，為了謀生，他決定和其他男孩們一起到城市裡工作。

分手前是痛苦的。

「親愛的，我要走了，等我回來好嗎？」

「我……我捨不得你，你不會一去不回吧？」

「我不能向妳保證我什麼時候回來，但是妳要相信，我一定會回來的，我會賺夠錢，回來風風光光地娶妳，妳會等我回來嗎？」

「我愛你，我願意用一生的時間等你，只是我害怕你會愛上比我更好的女孩。

「不會的，絕對不會的，妳知道我的心裡只有妳，我們從小一起長大，這麼多年的感情，難道妳還不相信我嗎？我向你保證，雖然以後我們見面的時間少了，但是我會寫信給妳，我不會忘記妳，更不會愛上別人的。」

「我相信你，我會等著你。」

她淚眼婆娑，他感動地擁她入懷。

就這樣，他走了。那天，下著很大的雨，她爬到山坡上，遠遠地望著他遠去的背影。她就這樣一直看著他的背影，一步步走向遠方，最後變成一個看不清的黑點，她捂著嘴，任由眼淚一滴滴地往下掉。

愛的誓言，說出的那一刻，美得足以感動天地。可誓言，總會在世事無常裡，變得面目全非……

只是當時的她，不知道愛的誓言，最後竟然變換無常到讓她措手不及……

等待的日子，漫長的像是拉扯著內心的痛點，每一個日夜都是那麼難熬。

這樣幾年過去了，身邊的女孩們都結婚了，只有她一人還在繼續等著，當年那些曾經喜歡她的男孩子們，很多都已經做了父親。很多人勸她不要為了一個承諾而荒廢自己的青春，可她還是堅信他會回來，回來娶她，兌現當年的諾言。

等著等著，漸漸地，她褪去了曾經的青澀，成為亭亭玉立的女人。她以為，她用整個青春來等待他，是值得的。

他們當初留下愛的誓言的河邊，是她常常去尋找回憶的地方，年復一年，河水從結冰到融化，葉子從茂盛到凋零，山巒從翠綠到光禿，歲月更迭，不變的，是她不改的，奮不顧身的初心。

那一次，很久沒有他的消息，託人打聽，也是杳無音訊，她心急如焚，好幾次打算離家去找他，可是一個從未出過遠門的女孩，天下之大茫茫人海，去何處尋找？父母看著她幾近瘋狂的樣子，擔心她想不開，乾脆把她反鎖在房間裡。那幾天，她抱著頭坐在屋裡，不吃不喝，只是默默地流淚。

她甚至想死，以為殉情就是最貞烈的表達。

父母為了讓她從這段感情裡走出來，也開始幫她物色對象，她姣好的面容，還是迎來了無數慕名者。

看到這些追求者，她只是沉默著，不說話，心裡始終想著那個回不來的男人，眼裡容不下別人。她太年輕，她不知道，天涯何處無芳草的道理，她不知道，把青春浪費在這樣一個人的身上，是多麼的不值得。

看著她日益消沉的身體和意志，看著身邊那麼多好男孩都被她拒絕，父母心急如焚，他們不願看著自己的女兒就這樣摧殘自己。於是，便逼著她出嫁。她開始反抗，絕食，到最後她用微弱的聲音大聲喊著：「他會回來娶我的，他答應過的，他一定會回來的……」

父母看著傻到奮不顧身的她，無能為力……

這天，女孩撐著虛弱的身體走出家門。就在轉角的瞬間，她看到了他，那個她等了八年多的男人。只是，他的旁邊多了一個女人，那名女人非常漂亮，渾身上下都透著都市的氣質。她聲音顫抖地問道：「是你嗎？」聽到她熟悉的聲音，他不敢正視她。那張在夢裡出現過無數次的面孔就這樣出現在眼前，他似乎已經褪去曾經的鄉土氣，多了幾分成熟男人的魅力。

沉默許久。她說她相信他的諾言，這些年一直在等他。

他的眼神躲閃著她，言語閃爍其詞地說：「當年的承諾太青澀太輕率，那時還年輕，不懂得情感，這麼多年過去了，很多事情都變了，我也有了新的感情……」

她看著他身邊那個美麗的女人，頭一陣眩暈，搖搖欲墜，她虛弱地語無倫次地低吼著：「你一句不懂感情，就把過去的一切這樣輕描淡寫的一帶而過嗎？你要我相信你的承諾，我便信守著這份承諾，等著你回來娶我，八年了，你知道等一個人等待八年的滋味嗎？你扼殺了我的青春，你辜負了我的真心……我……我恨你……」

淚眼模糊了雙眼，她轉頭，踉蹌著飛奔而去。

萬念俱灰的絕望，在心頭蔓延……

奮不顧身的等待，換來的卻是，無情的背叛……

＊　＊　＊　＊

這個世間的愛，有多少奮不顧身的壯烈，在世事無常裡毀滅，有多少美好的時光，耗費在不值得等待的愛戀裡。

所有的奮不顧身，都是一種孤注一擲的賭注。是輸是贏，無人知曉。

誓言美得讓人顫抖，美得讓人願意壓上一生的賭注，去等待那個被描畫了無數次的夢，可以在現實中綻放。

可是，愛是泡沫，經不起太長的等待。

也經不起奮不顧身的豪賭。

世事總是無常，誰都不能保證誰的幸福，不是嗎？

付出一切的兒女情長，剎那間沒了落腳之處

愛到不顧一切的人，總會在對方的傷害裡被撞得頭破血流。生命莫測無常，愛情的來日，並不方長。不是不愛了，只是愛要有所預見，有所保留，才是愛最正確的維度。

愛上時，愛是不顧一切。

不顧一切的付出，以為沒有回報，也可以在自己的兒女情長裡獨自沉醉。

而當那一片氾濫的兒女情長，占據了一個人所有的心思、信念、時間、身體、情感，和靈魂。全部的付出，全身心的關注，整個靈魂的浸入，這樣聲勢浩大的投資，怎麼可能不求回報？

一場轟轟烈烈的愛的付出，總要得到回應的。

不顧一切的付出後，收不到對方任何訊息，心便開始惶恐。

於是，付出著，等待著……兒女情長成了生活的全部，期盼回報便成了全部的生活。

太重的付出，太在意的兒女情長，因為賦予了太多期許，最後總會在殷殷期盼中，成了失望……

也許是那個人，覺得愛太重，不知所措；也許是那個人，看不懂對方付出的真心；也許是那個人，沒有回報的能力；也許是那個人，只等著接受愛的付出不願付出愛的回報；也許是那個人，經年累月後改變了愛的初心……

只知道那個付出一切的人，等來的不是回報，是無處落腳的情傷……

太多的付出，結局總是殘破不堪的……

＊　＊　＊　＊

她在他們的愛情裡，她一直扮演著一個願意付出一切的角色。

只是最初她沒有想到，這樣的角色從始到終都充滿著悲劇色彩。

遇見他時，他是一個有著優越條件的男孩，那張被無數女人傾慕的臉，英俊無比。

那時的她，也一樣花容月貌，多才多藝，能歌善舞，是學校裡的風雲人物。而認識他，是她生命中的劫數。

帥哥和美女的相遇，注定會彼此吸引。從走進愛情那一刻起，她就是被動的角色，她本是一個特立獨行的女孩，可在愛情面前情商為零的她，對他言聽計從，百依百順。她以為愛就是不顧一切地付出一切，那一年的大學校園裡到處都可以看到他們的身影。

有時，愛的付出，不一定是對方能感應到的。她認為不顧一切的愛，也許並不是他需要的，更不是他能讀懂和珍惜的。她純粹的愛，感天動地，可對於向來就擁有女人緣的他來說，有佳人在側，不過是尋常的事。

他擅長的專業技能是遊戲製作，所以他每天都要耗費大把的時間在遊戲上，於是她總是安靜地待在他的身邊，耐心地等待著他。

她以為她付出一切的愛，必能換來他不顧一切的回報。

那一天，是他的生日，她穿梭在風雨交加的城市裡，跑遍了大大小小的街道，只為給他尋找一份完美無瑕的生日禮物。

在生日宴會上，為了活躍氣氛，從不喝酒的女孩，席間向每一個人豪邁舉杯，一口接一口地喝著劣質的白酒。不勝酒力的她很快使充滿醉意，不停地咳嗽著，還不忘搖搖晃晃地穿梭在酒桌之間，生怕怠慢了男孩的每一個朋友。而一旁的他卻視若無睹，沒有心疼沒有憐惜，還一直沉浸在酒肉朋友的歡聲笑語之中。

那晚他送她回家，她把自己當作禮物送給了他，因為她知道，那是他一直以來都想要的「禮物」。

那晚之後，她全然把自己放在了人妻的角色上，給予了他更加無微不至的照顧。每天她會在起床的第一時間，放下自己所有的事情，將早餐送到他的員工宿舍樓下。原本嬌生慣養的男孩，變得更不會照顧自己，於是每週女孩都會把他的髒衣服帶回去親手洗淨，最後再送回來。而他理所當然地享受著她不顧一切的付出，卻只願意把時間放在自己的遊戲製作上，對她的一切置若罔聞。

愛情是一門學問，有時，付出也需要分寸，太過濃烈，便失去了被尊重的價值。

可她，在愛的濃情烈焰裡，忘記了愛情，也是有法則的。一如既往地，她還是那樣遷就著他，不管什麼時候都細心體貼的照顧著他，忘記了自己的生活，和夢想的初心。

那年冬天，她第一次嘗到了愛情的悲痛。

那年的冬天特別冷，寒風吹來，她不慎患了感冒。這一天她還是一如既往為他送早餐，走到宿舍樓下，她不禁打了一個寒顫，整整一夜的大雪，為整個校園鋪上了一層雪白的銀霜。

她站在風中打電話給他，凜冽的寒風吹過臉頰，卻吹不熄她狂熱到無可救藥的愛。電話一遍又一遍的撥著，卻一直是無人接聽，她捧著早餐的雙手凍得通紅。不知為什麼，突然之間一種不祥的預感襲上心頭，就在她轉身的剎那，她看到他挽著另一個女孩的手，笑容燦爛地從校園的轉角處走來，那一刻她呆若木雞。

本以為自己會轉身憤然而去，可一心愛著男孩的女孩，還是含淚佇立在原地，聽著他明知是謊言的解釋。在他的苦苦哀求之下，她選擇了原諒。

不顧一切的愛，是一種沒有原則和底線的付出，最後只能蹂躪了愛最初的美好。

那一年，他們大學畢業，為了能和他長相廝守，他們在市區租了一個小套房，過起了看似和睦美好的二人世界，雖然每個月大部分的薪資都用來支付各種生活開支，但是有了一個屬於兩人的家，她總覺得幸福無比，每天依舊早早起床，為他做早餐，然後去上班。

他是一個好高騖遠的人，總以為未來的事業會按照理想中的路線前進。可是，畢業之後輾轉找了很多工作，高不成低不就，理想與現實的差距，一度讓男孩的情緒大起大落，抱怨之餘便把這種情緒轉嫁在女孩的身上。每一次找工作失意後，他都會對她無端咆哮，她含著淚看著焦躁不安的他，不顧一切的愛，讓她學會了默默的承受。

那個時候的男孩，開始用酒精麻醉自己，願意為愛付出一切的女孩，在每天忙碌的工作之後，還要照顧一個宿醉酗酒的他。

而她隱忍的愛，卻沒能換來他的回頭是岸，一個雨夜，她牽掛著徹夜未歸的他，跑遍整個城市的酒吧尋找他。凌晨時分，在一家酒吧裡，她看到他坐在吧台的角落裡，摟著一個濃妝豔抹的女孩子，那種曖昧的氣氛，刺痛了她的心，她聽到心碎的聲音，在午夜的空氣中回蕩……

付出一切的兒女情長，原本以為不顧一切的壯美的愛，卻在此時此刻，剎那間便沒了落腳之處。

＊　＊　＊　＊

這個世界，愛情如世事，總會風雲變幻，有時，愛著愛著，付出一切的兒女情長，經年之後，有人卻先行離開了。

說過的此生不渝，剎那間沒了落腳的地方。那個愛到不顧一切的人，總會在對方的傷害裡被撞得頭破血流。

生命莫測無常，愛情的來日，並不方長。

不是不愛了，只是愛要有所預見，有所保留，才是愛最正確的維度。

愛得太過火，是沒有底線的淪陷

情若太過火，只會嬌溺了放縱的人；情若太迫切，只會滋長了無視的心。給的越多，越覺得不夠；給的愈多，要的也愈多……太過火的愛情，是一場沒有盡頭的錯謬，累了自己，放縱別人。愛到過火，是沒有底線的淪陷。最後，不過是兩處傷神。

愛到深處，皆會愛得太過火。

愛如潮水，一點點湧來，直到洶湧難耐，推波助瀾間，一不小心，逃離理性之外，就愛到過了火。

愛的火候，在愛到智商為零時，已失去控制。愛變得盲目而沒有原則，彷彿只要夠愛，愛情的魔力便可以讓人上天入地。

給你、給你、給你、給你……給了所有，還是覺得給的不夠，跟隨著那個人的感受，似乎世界也隨之轉動，似乎全部的身心已為之傾付，似乎只有耗盡愛，愛才更徹底，才可以驚豔整個時光……

本以為感天動地，愛就可以這樣肆意綻放。本以為那個人，有一天會感動，會在滿溢而出的愛裡，回應著更熱烈的愛。

可是，情若太過火，只會嬌溺了放縱的人；情若太迫切，只會滋長了無視的心。

給的愈多，愈覺得不夠；給的愈多，要的也愈多……太過火的愛裡，是一場沒有盡頭的錯誤，累了自己，也放縱了別人。

愛得太過火，是沒有底線的淪陷。

最後，不過是兩敗俱傷。

＊　＊　＊　＊

沒有一場如火的戀愛，人生等於虛度一樣。

這是她的愛情宣言。

所以，愛情在她的身上，注定是永遠的燃燒。

隨著命中注定的男人出現，她「不可埋喻」的愛也在人生中登場。

愛情本該勢均力敵，是彼此都參與的互動遊戲。一旦一方玩命地付出，一方淡然地接受，愛就失去了平衡存在的穩定性。

於是，愛上他後，她便彷彿駕著一架不穩定的飛機，跌跌撞撞地飛在高空，永遠沒有著陸的踏實感。只是愛上時，愛情的盲目讓她無暇思考太多。

那時，為了遇到每天堅持晨起跑步的他，她捨棄了清晨難得的休息時間，每天都是早早起床，精心地梳洗打扮之後，便健步如飛地跑了出去。

夏天的校園，雖是清晨，卻燥熱難耐，她一邊跑一邊揮汗如雨地尋找著他的身影，彷彿這一生就是為了穿越時空覓他而來。

整整一個夏天，她如影隨形地追了他一個夏天，能被一個女人這樣不計一切地愛著，他也樂得其所，於是他答應做她的男朋友。

她欣喜若狂，從此之後，她的眼裡再無別人，瘋狂的她像一隻撲火的飛蛾，所有人都看得出來，她愛他，比他愛她要多得多。

為了他，她放棄了自己的時間和愛好，學會了早起、做飯，洗衣服，儼然把自己變成了「為他而活」的樣子，投入到了妻子的角色裡，她不知道他是否需要她成為這樣的角色，她只知道她願意為他進入這樣的角色。過火的愛，燃燒的，不過是自己一廂情願的感覺而已，只是奮不顧身的那個人，在盲目的愛中模糊了事情的真相。

為了他，她學會了道歉，曾經的倔強高傲，在被充斥的愛裡突然失去了棱角。經常看到她扯著他的衣袖，低眉順眼地說著我錯了。愛，有時在不經意間，突然就讓人忘記了自己，彷彿這個世界所有的存在，都為他而生。

朋友們勸她：「愛一個人沒錯，可是能不能保留一點自我？」

她一副愛到壯烈的表情：「愛了，就是要全心全意，奮不顧身，不是嗎？」說這話的時候，她還不知道，愛到過火，愛到沒有自我，愛終將在失衡的搖擺裡各奔東西，愛也終將在瘋狂的燃燒裡面目全非。

校園愛情，逃離不開畢業的命運。那一年，他先畢業了，來到了大城市，進入一家公司，而她還沒有畢業。於是，她的愛情世界裡，多了一份「異地戀」的心酸。

還在校園的她，以為他們的愛情，還停留在校園的溫馨時刻。而原本被動著在她的愛裡揮霍無度的他，在進入社會後在觀念上發生了一些變化，他逐漸開始抱怨她不懂他。

很快，隨之而來地是頻繁爆發的矛盾。每次爭吵時，她總是那個不知所措地掉著眼淚不斷道歉的角色，可她心裡卻是委屈而不情願的。自己是那樣死心塌地地愛著他，生活的所有重心幾乎全部傾向於他，她用耗盡心血的力量不遺餘力地愛他，而他卻從不肯為她妥協一步。

有時，她的哽咽，也曾讓他心軟，那一刻，她便覺得這已是愛情給她最大的獎賞。

但不管怎麼樣，她終於熬到了畢業。其實一直以來，聰明的她都是學校裡的學霸級人物，所以就在畢業之際，校長找她談話，希望她可以報名研究所，這對於她來說，是個千載難逢的好機會。

可那時的女孩，滿腦子都是飛奔到男孩身邊和他朝夕相處的美好憧憬，她以為只要夠愛，就可以紅塵不負，只要有愛，一切都是身外之物。

只怪那時太年輕，滿心都是愛的幻夢，她不知道，為愛放棄一起，愛會隨之變得更加脆弱不堪，風雨飄搖，一觸即倒……

她還是義無反顧地放棄學校保證錄取研究所的機會，奔向了他所在的城市，她以為如願地來到了自己愛人的身邊，一切就會安穩。

不知是否真的會變得安穩，只是現在的她，打理著他在繁忙工作中的日常瑣碎，樂此不疲。原本她也是在父母捧在的手心裡長大的，可現在的她，學會了為他洗衣做飯。尤其是每天晚上，她都會把他第二天要穿的襯衫，一遍遍用手搓洗，她知道這個年代已經沒有人用手洗衣服，可是她還是堅持著手洗他的每一件襯衣，洗完後用電風扇吹乾，然後熨燙的沒有一絲褶皺。她不求回報地做著這樣的事情，彷彿成為男孩正式的賢妻。

那段時間，她完全忽略了自己，她不買漂亮的衣服，不買化妝品，她發誓要為他存夠創業的資金，她甚至忘了朋友的聯繫方式、忘了自己的青春年華，可以去承載更多的夢想……

她更忘了，愛到失去自我，愛到過火，最後燃燒殆盡的，只有自己……

兩年後，她雖沒有很強的事業心，但是憑藉自己踏實敬業的表現，公司打算晉升她做主管，但需要調到分公司，距離兩人生活的城市非常遙遠，公司希望她去那裡累積管理經驗後再調回總部。

面對這樣的機會，她猶豫不決，朋友們都說這是個絕佳的好機會，一旦錯過便很難再有機會。

她也知道這樣的機會難能可貴，對於未來的工作經驗有很大的幫助。但是，男孩不希望她去，因為他希望女孩把重心放在照顧自己的生活上。看到她的猶豫，男孩答應女孩，將來一定會照顧她的未來。

她天真的信以為真，決定為他犧牲自己的未來。她卻不知道，這個世上最不靠譜的承諾就是「當你為他放棄一切時，他信誓旦旦地說他會為你的未來負責。」

時光荏苒，愛也荏苒。又一個兩年過去了，她沒等到他們的未來，而他在被公司派到美國後榮升為經理的半年後，和她提出了分手，理由是差距太大，沒有共同方向。

她的世界坍塌了。「為什麼我付出了那麼多換來這樣的結果？」、「我付出了機會，事業，學業，青春，愛情，時間，精力，為什麼會這樣？」、「他憑什麼跟我分手，我為他做了那麼多。」、「他說不愛就不愛，憑什麼？這麼多年他為我做了什麼？」、「我愛他那麼深，他為什麼要這樣對我？……」

＊　＊　＊　＊

但願這千萬次的困惑，能喚醒和撫慰她被愛迷惑又摧殘的心。

也許愛上的那一刻，沒有誰能控制得住如火蔓延的燃燒，沒有誰能用理智壓得住沸騰到熱浪四濺的濃情。

只是，在愛情裡，兩個人的角色從一開始便應該是勢均力敵。讓步和犧牲需要在一個不卑不亢的平衡點上，讓對方在被關注的同時，能夠瞥見你在孤獨的付出裡，發自內心的需要。

愛情，原本是一場互動的遊戲，彼此參與，愛情的世界才不會太過蕭條，你投之以木桃，我報之以瓊瑤，你來我往的愛情，才顯得熱鬧有趣。

一個人的燃燒，只會灼傷自己，兩個人的燃燒，卻可以如火如荼……

第四堂課

我在我的風景裡，裝飾了我們春暖花開的愛情

我在橋上看風景，看風景的人在身後看我，明月裝飾了我的窗，我裝飾了別人的夢。

愛情，在開始的最初裡，就不是一場為他跋山涉水而來的赴湯蹈火，也不是一段遙望水中央伊人的暗自傷神。

最美的愛情，不是誰為誰傾注一切，最美的愛情，是讓自己變得更好，讓彼此變得更好。

你自開成花，自成風景，他便聞香而來，踏春而至，愛不是侵入他的世界，而是在自己盛開的風景裡，吸引著他顧盼而來，投入到自成一色的情境裡，用欣賞崇拜，卻又不黏膩的目光，開始一段各自安好卻又惺惺相惜的情感。

你有你的世界，我有我的天地，你沒有為了我失去了你，我沒有為了你失去了我，你還是你，我還是我，你有你的清風明月，我有我的叱吒風雲，你在你的世界裡繁花似錦，我在我的天地裡山高水長。

然後，我們帶著各自的美好，執手相看，相視而笑。

他依然做他的曠世明主，她依然做她的絕代佳人，江山美人兩廂安好。

各自綻放，又彼此溫暖，是愛情最美的盛開。

自開成花，他必跋山涉水而來

為別人開的花，終究不是自己的顏色。你在自己的世界裡，站成一棵樹，以不攀附不依賴的姿態。因為取悅，不如吸引。自開成花，便有人跋山涉水而來，只為你傲世獨立的盛開，足以溫暖彼此的世界。

愛的最初，以為愛情就是在對方的世界裡尋尋覓覓。尋得了安穩，尋得了歡喜，便是最美的愛情。為悅己者容，為悅己者歡，為悅己者喜，為悅己者悲，為悅己者開……彷彿世間所有的存在，都為悅己者生。

回眸望去，來時路，以為愛只要洶湧著侵入，彼此的世界便亮烈如光、溫暖相依。時光為證，愛，在自我營造的幻境中毀滅。

為別人開的花，終會在別人的去留無意裡凋零，落花流水，零落成殤。為別人開的花，終究不是自己的顏色。

頓悟了很久之後，愛轉向了自己的世界。那個人忽然看到了你堅定的背影，從他的世界抽身而去，有些不知所措，你裝作若無其事，內心知道這是成功的第一步。

你在自己的世界裡，成為一棵樹，以不攀附不依賴的姿態，豐盈著詩和遠方……經年之後，滿樹繁花盛開，花香四溢，你站在樹下，引頸高歌，策馬加鞭，呼風喚雨，就算風雨飄揚，也能獨自對抗……

你在自己盛開的風景裡，成了最獨特的風景，你站在樹下看風景，看風景的人在身後看你，明月裝飾了你的窗，你裝飾了別人的夢。

聞香而來，踏雪尋梅，身後那個人顧盼而來，用崇拜的眼神，望向你堅立挺拔的背，決意與你惺惺相惜。

取悅，不如吸引。

自開成花，便有人跋山涉水而來，只為你傲世獨立的盛開，足以溫暖彼此的世界……

＊　＊　＊

那年，女孩年華正盛，開始了一段只為某位男孩盛開的愛情。

她是才女，能畫出一系列好畫，寫出無數好文章，本以為紙上的灑脫會成為她生活的寫照。而遭遇愛情後，她便淪為人世間千萬女子中的那一個，惶惑而脆弱。

和他在一起的日子，她不再是那個灑脫自如的才女，她愈是想要以取悅他的方式，來展示最好的自己，卻愈是拘謹而手足無措，於是，在愛情面前，她被掩埋了本該有的光彩。

都說真正的愛情，會讓一個人變得更好。可在愛情面前，她忘記了只有讓自己變得更好，才能吸引他的眼光，堅定愛情的基礎。她以為，從自己的世界走近他的世界；忘記自己的世界來到他的世界，就是愛的最好方式。

只是當時的她不知道，自己盛開如花的時候，他自會聞香而至。只是她不知道，在愛裡，取悅，不如吸引。

愛到情濃時，她總會依偎在他的懷裡，傻傻地問著愛會不會永遠，傻傻地說著沒有他的世界，愛就是荒原。

在愛裡忘了自己，她不再高貴如初，也突然間失去了安全感，總在擔心愛的永遠，不會永遠。承諾問了千遍萬遍，可她還是要他千遍萬遍地回答。

他也像所有陷入熱戀中的男子一樣，在愛裡許下諾言，以為說著浪漫的情事，就可以愛得簡單。

可是，一輩子很長。

歲歲月月，朝朝暮暮，現實無意間侵蝕了誓言。

她以為她從自己的世界，走近他的世界，他們就成了同一個世界的人，愛情也會成為一段漫長的歲月，把彼此留在兩個人的世界裡，從此不再分別。而天下大多數的愛情，在如火如荼的熱戀期後，都會在現實中現出原形。她的世界裡全是他，沒有自己的世界，依偎得太緊的兩個人，總會在摩擦中磕碰到遍體鱗傷。

他們開始爭吵，有時只是為了一件小事，也許愛之深，才會心思細膩吧，有時她回家沒有感受到他溫柔的撫慰，她就會無端地猜想，難道他不愛我了嗎？

彷彿他愛不愛她，就是整個生命的支點，一旦坍塌，人生的構架就不復存在。

她不知道出了什麼問題，愛變得好像一種惡性循環，他們為各種各樣的事情爭吵、和好、和好、爭吵。終於有一天，他滿眼憂愁又疲累地看著她，提出了分手，他說不知道為了什麼，感覺和她在一起的日子，愈來愈不快樂了。

她淚如雨下。到底是她錯了，還是愛情錯了？

分手的那夜，她無助而絕望地看著他，心靈空洞無比。她知道，從此生活中不再有他。沒有他的日子，她形單影隻，不知道生活該如何繼續。好像眷戀最後的時光一樣，她一遍遍地求他，不要離開她。

他一副心意已決的樣子，絲毫不為她的懇求所動，彷彿這些年所有的愛戀，在分手的這一刻已經徹底灰飛煙滅。她本以為愛情，在她走出自己的世界，進入他的世界那一刻，就是兩個人一個世界的天長地久。可沒想到，他從他們的世界走了出來，兩個人的世界成了她一個人填補不了的寂寞，而她已然丟了自己的世界。

為了愛，沒有自己的世界，沒有自己的風景，沒有自己的盛開，最終還是吸引不了長久的情感。

愛，本該是各自盛開，並肩而立。

兩個人的世界，終究還是散了。剛分開的那段時間，她孤單地生活著。她忘不了他，那個在她生命中來了又去的男人和愛情。她變得鬱鬱寡歡，因為戀愛時，她的生活裡只有他，沒有朋友，沒有工作，所以愛情離去時，她變得一無所有。

也許是心情決定狀態吧，失戀後她的厄運接踵而來。先是自己就職的公司破產了，她被迫離職。那一段時間，她為了找工作，奔波在大街小巷。

三個月後，工作沒找到，她又病倒了，確診為大腸癌，做手術需要一大筆錢，她那時早已貧窮得一無所有。

那段時間她是怎樣熬過來的，沒有人知道。她只知道在最困難的時候，她都是靠著自己一點點扛了過來。

記得做完手術從醫院出來，大病初癒宛若重生，她告訴自己，以後的人生一切都要靠著自己重新開始。

為了快速融入社會，她進入一家公司，做起了業務銷售人員。曾經才華橫溢的女子，開始頂著烈日寒暑，在人流不斷的城市裡做銷售。她臉上的神情堅定，她不再抱怨命運了，不再依賴人，也許當一個女人成為一棵樹、成為一座山時，就是最好的風景。

兩年後，原本多才的她，加上勤奮刻苦，她的事業一路猛進，成了公司裡銷售部主管。她工作充滿自信，深得上層主管的賞識和同事的信賴，隨著工作的發展，她的朋友圈也在不斷擴大。

如今的她，是一朵盛開的花，開出了屬於自己的顏色，風姿綽約。

一天，她帶著員工外出談合作。走進酒店時，她看到了那個合作公司的人，原來就是男孩。他們幾乎同時認出了對方。他大吃一驚，幾乎沒有認出眼前自信美麗的她，而她平靜如水，已經沒有了多年前的惶恐和悸動。

工作談妥後，他約她一起吃飯。席間聊了很多，得知分手後她經歷了那麼多波折，看著眼前堅毅獨立的她，他看到了她的變化，以前那個依賴黏人的女孩，已經蛻變成了今天傲然自信的女人。

他忽然發現，這次他居然情不自禁地愛上了這個在自己的世界裡優雅盛開的女子。

他告訴她，他要重新追回她，上一次是她用熱情俘虜了他，他是被動的。而這一次，卻是被她深深地吸引著，想要走近她，和她一起在各自的盛開裡，並肩而立，溫暖把彼此的世界。

聽著他的告白，她忽然看到，那個找同自己的女子，在風中，優雅地綻放著屬於自己的魅力……

＊　＊　＊　＊

愛，不是從自己的世界裡出來，自顧自地闖入他的世界。

愛是，在自己的世界裡，自開成花，他必跋山涉水，只為覓你而來……

乞討來的愛有多卑微，隨之降臨的愛就有多刻薄

> 我像個乞丐一樣等著你，等著你施捨給我愛，可是，你卻說你，再也給不動了。他們的愛，一個累了，一個痛了，再也沒有了留下的理由。乞討來的愛，總是疲倦而卑微的。如果可以，不再索要，愛，會不會無比刻薄？

愛的最初，他們彷彿是愛的乞討者。

給我愛、給我愛、給我愛……給我愛，成了桎梏愛情自由的魔咒，不知不覺心就像

是纏繞了一層又一層的鐵絲，牢牢捆著心靈，愛變得窒息難耐，有了想逃離的衝動。

不，你不能走，那麼深的愛，那麼真的付出，說好的要把一生最好的給我，我固守著曾經甜蜜到心醉的承諾，我喝了你給我斟滿諾言的酒杯，就在我醉意闌珊，貪婪地等著你給我你說好的一切的時候，你卻要離開了。

而我，我像個乞丐一樣等著你，等著你施捨給我愛，可是，你卻說你，再也給不動了。

他們的愛，一個累了，一個痛了，再也沒有了留下的理由。

乞討來的愛，總是疲倦而卑微的。

如果可以，不再索要。

如果可以，你是你的，我是我的，我們的，是我們的。

如果可以，放彼此自由，在自由裡結伴飛翔。

愛，會不會飛得更遠？

愛，會不會無比刻薄？

＊　＊　＊　＊

他與她是青梅竹馬。

八歲，他開始喜歡她。在他眼裡，她是一朵嬌柔的花朵，需要他不斷地，用呵護的愛去滋潤。

九歲，他們在同所學校讀書，她受了委屈會去找他，直到再也沒有同學敢欺負她。那時，在她的眼裡，他瘦小的身子是一座宏偉的山，可以為她擋風遮雨。

十八歲，他們相約考取同一所大學，每天形影相隨，一起上課，一起去學校餐廳吃飯，一起去圖書館看書，一起手牽手在落滿楓葉的校園裡散步。每當心情低落時，她都會去找他，他成了她生命的全部。彷彿只要有他在身邊，她就可以一直安然無恙地幸福下去。

十九歲，他對她說：「做我的女朋友吧。」她抬起期待已久的眸子，熱淚盈眶地點頭答應了，感覺很幸福。

二十歲，確立關係的他們愛得如火如荼，戀愛開始的時候，總是美得濃情蜜意，彷彿彼此的樣子，飄飄灑灑間盡是風情。她對他說：「我要你把你的一切都給我，我要你帶著你的全世界陪我走。」他點頭答應，以為一句承諾，就可以抵禦赤裸裸的殘酷現實。

只是，一輩子太長了，承諾在一輩子面前，顯得渺小而不堪一擊。

他以為自己習慣了她的依賴，習慣了她的需要，習慣了她有求必應的生活。漸漸地，他發現，她的索求成了他的負擔，他漸漸地感到疲憊不已。

女孩要男孩在自己需要的時候，馬上出現在她的身邊，可他不會魔法，不能保證自己能在第一時間趕到她的身邊；她要他以她的事情為重，如果她有事情需要他，他必須放下自己所有的事情，專程為她的事情而來，可他不是她的天使，能保證自己能二十四小時守護在她的身邊；她要他把全部的感情都投注在她的身上，她要她成為他情感世界的唯一，可他不是一個人生存於這個世界，他有朋友、親人，他也需要其他的情感世界；她要他……

在愛情裡，也許愛的最初就是個錯誤。她一直在所求，要他保護，要他陪伴，要他安慰，要他給予……

愛情，若只如初見，該有多好。

可是愛情，終歸要在日日打磨的現實裡消耗殆盡。乞討後的愛，也終歸要在求而不得中絕望毀滅，在身心俱疲的給予中粉碎消融……

給我、給我、給我……說好的給我一切，難道你忘了嗎？

不，我累了，你一聲聲愛的乞討，就像是一聲聲魔咒，我已愛到麻木……

二十三歲，他們分手了。她流淚問他：「你真的捨得離開我嗎？」他若有所思地看著她，有點無奈。她又問：「和我在一起，你真的厭倦了嗎？」他淡淡地答：「我以為給妳我的全部，是我的快樂，可給著給著，我累了，請讓我回到自己的世界，也請妳把自己的世界找回來，也許這對我們來說是最好的方式。」

她一直以為，聲聲索要，就是愛的濃情，要著要著，便把他們的世界，要在了一起。

可是，她知道，她錯了，索要來的愛，總是讓對方疲憊，也讓自己卑微。

二十五歲，她蛻變成蝶，成了當紅的女演員，他也在一家公司成為主管。這些年，沒有了彼此的束縛，他們在各自的世界裡成長。

他一直沒有戀愛，每次路過他們曾經走過的地方，都會想起她，在心裡，他一直在等她。

她談了一場又一場戀愛，總是找不到感覺，每次分手時，她都會想起他。

二十六歲，她結婚，只是想要停下流浪的腳步，找一個家。她出演的電視劇，他有時間總會看，他看著電視劇裡的她，慢慢成長為獨立的女子。她事業很紅，婚姻卻一直不如意，丈夫像極了當年的女孩，總是對她有著沒完沒了的要求和索取。有一次，他們吵架，丈夫抱怨她總是不能給予想要的一切，看著丈夫，她忽然彷彿看到了多年前的自己。

感同身受間忽然明白，當年的自己，就是這樣摧殘了他的心，磨累了他的愛。

不知為什麼，想起他，眼淚忽然落下來。

二十九歲，她離婚。

三十一歲那年，他找到她的聯繫方式，猶豫很久後仍是撥通了號碼，此時已是分手十年。十年，很多事情都不一樣了，他們的愛情也脫變重生。

她與他見面，往事歷歷在目，兩個人用了十年的青春，兜兜轉轉又回到了起點。

她說，她不再索要，愛是在彼此的自由裡，結伴飛翔。

他看著此刻的她，這麼多年，他發現自己第一次，被她深深地吸引……

＊　＊　＊

愛是世間最高深莫測的東西。愈是迫不及待，愈是事與願違；愈是聲聲索要，愈是步步背離；愈是努力靠近，愈是莫名躲閃……

就像是春風十里，柳絮飛來，彷彿在索要著那一方溫暖的落腳處。看到的人，總會厭煩地撥開，久而久之，變成了礙眼的煩擾。

就像是冬日凜冽，一枝梅花，傲立雪中，帶著幾許冰潔，在自己的世界裡，綻放著屬於自己的氣質和顏色，彷彿世間就算只剩自己，也可以肆意綻放著。路過的人，總會帶著惺惺相惜的目光，吸引著走進它，和它在各自精彩的世界裡，並肩而立，彼此歡好。

乞討來的愛有多卑微，隨之降臨的愛就有多刻薄。

長時間相處，就成了一抹礙眼的蚊子血

愛的太深，容易成狂；黏得太久，容易成傷。就像兩隻靠得太近的刺蝟，彼此取暖，也彼此刺痛。於是，彼此厭倦，又彼此背離。

愛，可以是胸口的朱砂痣，也可以是牆上的一抹蚊子血。

那一眼，他們各自宛在水中央，那麼飄渺，那麼神祕，穿過萋萋汀草，一眼望去，那身影，彷彿一世千萬次的凝眸之後，只為彼此駐留的等待。

那時，他們脫俗獨立，不入世俗，臨水自居，與白雲清風為伴，與花草樹木為鄰，在那片自己的天地裡，他們是自己的風景，照亮了自己，也照亮了彼此。

沒有誰能在遇見讓自己春心搖曳的人時忍住那份悸動。於是，他們尋光而至，他們不再是隔水而居的愛戀，他們不再是精神世界的深情凝望，他們漂洋過海，來到彼此的身邊，進入彼此的世界，本以為是天定良緣。

本以為，從此廝守在一起，成為一個世界的兩個人，就是愛最好的承諾。

可愛情，不是水中央，愛情，是現實的城堡，是沒進來之前想進來，進來後又想衝出去的圍城。

隨時隨地綁在一起，就容易看得太清楚。曾經的女子，不知道什麼時候，成了不拘小節，蓬頭垢面的婦女；曾經的男子，不知道什麼時候，成了不修邊幅的樣子。

隨時隨地綁在一起，就沒有了神祕感。在水一方時，她是他眼裡的精靈，覆上一層薄紗，彷彿天山仙女，一顰一笑都是那麼美麗動人。如今，她還是她，只是再也沒有了隔岸舞動的優雅身姿，只剩在身邊指指點點、絮絮叨叨、沒完沒了的生活瑣碎。

隨時隨地綁在一起，就沒有了距離美。曾經，她望向他，本以為得到他，就是得到了全世界，她也願意為他放棄全世界，只要有他，一生就夠了。如今，她只要一回過頭，就能看見他，每天的生活都是他，她忽然覺得那麼熟悉的他，不再美好如初，只有他的全世界，也不再溫暖如初。

愛的太深，容易成狂；相處時間太久，容易造成傷害。就像兩隻靠得太近的刺蝟，彼此取暖，也彼此刺痛。

於是，彼此厭倦，又彼此背離。

＊　＊　＊　＊

男孩愛上女孩時，女孩本是無動於衷的。那時的她，在他的眼裡，美得像是遠遠盛開的曇花，盛開在那麼遙遠的地方，他想要靠近她，卻是那麼遙不可及。

愛情絕對不會滿足於僅僅只是遠遠地觀望，愛情是一旦愛了，就要迫不及待地得到。於是，在男孩的甜蜜轟炸下，女孩原本矜持的防線瞬間倒塌，兩人火熱地走到一起。

相愛的最初，總是美好的，那萌芽般愛的新鮮感就是最堅實的動力，於是愛一點點堆積成濃烈的色彩。情到深處時，她深情望著他說：「我們兩個要天天在一起，一刻都不分開。」

那時的他似乎也很享受這種感覺，以為愛就是久久相伴。

一年的濃情蜜意，熱烈的愛漸漸趨於平淡。

慢慢地，她發現，他對她不再寵愛如初。有時，她會在他的手機裡發現他發給其他女孩的曖昧訊息，言語間頗帶關切。她很介意，他的愛只可以留給她，她不允許她的愛情被分割，於是她一次又一次追在他後面問：「她們是你什麼人，你幹嘛要對她們那麼好？你是我的男朋友，你只可以對我好，只可以和我在一起。」

「我也需要自己的生活圈，我的世界不可能只有妳，妳能不能不要和監視犯人似地看著我？我只需要那麼一點點屬於我的空間，可以嗎？」

她的心底，忽然有些驚慌，她看到他，不再像以前一樣，那麼渴望和她時刻在一起，他有了想逃離的感覺。習慣了天天生活裡都是他，她真的害怕，害怕他一點點挪開他們曾經緊貼在一起的身心。

那一天，她胃痛，從公司出來時她已經痛到無法行走，打電話給他，他只淡淡地回了一句：「我很忙，妳先讓同事送妳回家，我忙完馬上去看妳。」

電話掛斷的那一瞬間，她發現自己的心一點點跌入冰窖，曾經緊緊依偎在一起，溫暖彼此的愛意，到底去了哪裡？

帶著身體的疼痛和心靈的痛楚，她獨自回到家。沒想到的是，男孩整晚沒回家，電話也關機，她一遍又一遍地給男孩的朋友打電話，可沒有人知道他去了哪裡。那一夜，她徹夜未眠，黑暗中，她看到他們的愛，正一點點消失。

第二天再見到他時，她開始情不自禁地抱著他，她知道自己只是害怕曾經整日相守的情意真的淡去，她只是想找回彼此的愛。可是他卻不再像以前一樣，對她回以更深的擁抱，而是不耐煩地推開她，冷冷地說，「我有我的工作和應酬，請妳給我一點自由，讓我有喘口氣的機會，好嗎？」

她望著他冰冷的臉，不知所措。

幾個月後，她發現自己懷孕了。拿著醫院的檢查報告書，她很開心，她以為，這是把他綁在身邊最好的底線。可是，當她把這件事告訴他的時候，他說他不想要這個孩子，他說有了孩子，她會變本加厲地霸占他的世界，他不想再被綁在她的身邊。

他說，他們之間的愛讓他窒息，讓他無法呼吸，只有離開，才是最好的解脫。

那一刻，她欲哭無淚。本以為久久相伴，就會久久相依，久久相依，就會久久相愛……可是，這個她以為的久久，卻沒有等到最後。

＊　＊　＊

相處太久，便不再是胸口耀眼的朱砂痣，而是成了一抹礙眼的蚊子血。

愛最初的光，是隔岸而望的朦朧中，升騰而起的神祕感，彷彿是一束帶有磁場的光，瞬間照亮吸引了彼此的心。

走近你，是愛的必然，靠近你溫暖你，是愛的衝動。只是，時而靠近，又不會靠的太近；時而黏膩，又不會黏得太久；時而相擁，又不會永不放開；時而緊緊跟隨，又不會沒有絲毫距離……

愛，不是忘記自己的世界，愛的美好，也不是因為你的樣子；還因為，和你在一起時，我的樣子。

愛的世界，是我們；愛的世界，也是：我就是我，你就是你。

不是不愛了，不是不能靠近，而是愛，需要不遠不近的維度。

靠得太近，就成了一粒甩不掉的飯黏子

靠得太近，當初彼此心中那麼美好溫暖的人，突然看不見了；看見的，只有因為靠的太近而看得太清的瑕疵。愛，在沒有分寸的靠近裡，把最初的美好，侵蝕……

愛，可以是窗前的一道白月光，也可以是衣服上的一顆飯粒。

那些年，走過千山萬水，經歷過很多事，遇到過很多人，幻想過無數次愛情的模樣，憧憬過無數次邂逅愛情時的怦然心動，只為把心騰出一片空間，為那個人預留。

幻想是最美麗的召喚，那個人似乎聽到了他的心聲，猝不及防間，闖進了他的眼裡，等待了多年的那個人，突然在現實中幻化成真，他分明看到一道白月光，劃破時空穿越而來，投影在窗前，照亮了心中預留已久的空間。

那是一道最明豔的白月光，美得有些遙不可及，彷彿只要得到了，愛的每一天都將是「窗前明月光」。那個現在還不屬於他的人，那身影，那姿態，那模樣，在還沒有靠近的空間裡，顯得那麼美好而溫暖。

愛是最強的磁場，愛上時，他們彷彿趕赴一場前世的約定一般，推開一切障礙，為你穿山越嶺而來，迫不及待地靠近彼此，以為近在咫尺的愛，就此便牢牢握在掌心。

靠近、靠近、靠近……愛是不斷的靠近，一點點走近那個人，看著那個人的音容笑貌，拉起手、手撫過臉頰、深情凝視、相擁入懷……

愛在靠近的距離裡開始。

起初，人間好時節，花前月下，秋波流轉，愛情無恙……

人生若只如初見，那時的愛情，新鮮的讓彼此滿心好奇感，不斷地在靠近中，一點點了解那個相愛的人，每一處曾經不了解現在又迫不及待想了解的一切。

那時的愛，真是百看不厭。

吸引彼此的陌路，漸漸成了太過了解的熟悉。

靠得太近的熟悉，忽然不知道從什麼時候開始，成了厭倦。

那個只為他精心裝扮的小女孩，在他看了很久的目光裡，突然變成了不施粉黛、無心梳妝的模樣；那個人只為她保持俊朗身形、渾身文藝氣質的帥男，在她凝望了很久的目光裡，忽然變成了邋遢、不修邊幅的樣子。

那個身影如畫、安靜地坐在燈影下看書、畫畫的女子，在他逐漸靠近的視野裡，突然變成了土氣的形象；那個高大英俊、紳士地拿著外套披在她身上的男孩，在她靠得太近的視野裡，突然變成了自私的形象。

靠得太近，當初彼此心中那麼美好溫暖的人，就會突然看不見了。看見的，只有因為靠得太近而看清的瑕疵。

愛，在沒有分寸的靠近裡，把最初的美好侵蝕……

＊　＊　＊

愛情到來的時候，是一陣龍捲風，突然就把兩個遠遠相望、不斷試探、不斷想要靠近彼此的人，緊緊地捲在了一起。

他愛上她的時候，青春年華正好，所以那時的愛，有些膽怯，有些畏縮，還有些衝動。

她是一名優秀的女孩。她天生氣質清麗脫俗，本身就是一個發光體。這樣的女孩怎麼會不惹人喜歡？這樣的女孩，身邊怎麼會缺乏追求者？就是這樣的女孩，他看到的第一眼就淪陷，他知道自己無可救藥地愛上了她。

那時的她，就是他心裡的一道白月光，是他在水一方的伊人，彷彿只可遠觀而不可褻玩。起初，那是一段只有他自己在心裡沸騰成海的暗戀，她那麼美那麼優秀，他不敢靠近，只要能遠遠地看著她，就是最大的幸福。

那時的她，在他眼裡是天底下最好的女子。

可愛情，不是柏拉圖式的精神戀愛，愛，就是想要不斷靠近的情意纏綿。

愛的不斷堆積，終有一天會滿溢心頭，終有一天會不滿足觀望，終有一天會跨出那一步，慢慢探索，一步步情不自禁地走向那個在心裡早已被想念了無數次的人。

他開始一點點出現在她的視野，一開始她從未注意他的存在，他知道她身邊的追求者太多，他必須要讓自己變得不一樣，才能讓她印象深刻。

那段時間，他絞盡腦汁，不斷製造各種浪漫的邂逅，只要能博得美人歸，他願意傾盡所有。皇天不負苦心人，她開始注意到他，看到了他的用心良苦。

那一次，在他緊張的表白下，她點頭答應做他的女朋友。

他的愛，終於得到了她的回應，他欣喜若狂，無數個日夜的思念，無數個默默的觀望，終於有了走近她的機會。

愛情，來得太突然，讓他受寵若驚。那時的他是那麼迷戀她，就像捧著一塊水晶一般，小心翼翼地呵護著她，希望未來每一天的日子，都可以和他在一起，緊緊靠著彼此，一刻都不分開。

一刻都不分開，這是愛的最初也最幼稚的念頭。愛到情濃時，這也許是最美麗的存在，但是當愛的激情慢慢消退，永不分開，就會慢慢淪為厭倦。

只是當時以為愛就是一切的他，並不知道這個道理。以為這種親密無間，就是讓愛昇華的最好時刻。

愛在濃郁時，如膠似漆似乎就是那麼理所當然。無論他在哪裡，在做什麼，她隨時會打電話問候他的情況、在做什麼、吃什麼。他們的世界，彷彿兩個複製在一起的人，密不可分。

不久後，他們結了婚。那個他追逐了許久的女子，變成了妻子，身分變了。男人追逐愛情，要的是征服欲，征服後得到的獵物，就成了習以為常。

女人和男人，必然是來自不同星球的生物。他的新鮮感變了，她的習慣卻沒有變，她依然隨時給他打電話，傳訊息，一如既往地無時無刻陪伴著他。

靠得太近，看得太清，愛的神祕感便漸漸褪去。不知道從什麼時候開始，他的態度變了，對於她的如膠似漆，他不再那麼的渴望，內心萌生的是不耐煩。

她不再是他的白月光，而是一顆他想甩卻甩不掉的飯粒。

終於有一天，靠太近的愛讓他厭倦不堪，他不再按時回家，也不願意接她的電話。他們的婚姻，走到了盡頭。

＊　＊　＊　＊

愛在卿卿我我裡，成了近在咫尺的平淡無奇。

愛情，也需要在不遠不近的距離裡，保持一定的神祕。

愛，不是忘記自己的存在。就像那道白月光，遠遠閃爍著的，是只屬於她的耀眼的獨特光芒。

他尋光而至，只為了兩個人，並排站在一起，在彼此的世界裡，溫暖。

控制欲過深的愛，終將叛逆成狂

控制至深的愛，是喘不過氣的窒息，是轉不過身的桎梏，是飛不過愛情海的疲憊。愛，最後只剩下，掙脫、推開、離去!……愛，終將在控制至深的牢籠裡，叛逆成狂。

愛上一個人時，愛便是握在手裡的一根稻草。

一根救命稻草，生怕稻草沒了，愛就消失了。

愛是遞進式的，愛也總是在遞進時變質。初次戀愛時，那個人是剛剛在掌心處被輕輕觸碰的人，愛那麼清新稚嫩，像是春天裡吐蕊的第一朵嫩芽，彼此眼裡的愛人，美好得彷彿只有小心翼翼才能呵護完好。

愛被捧在掌心，你是我的唯一，我是你的全部，我們在彼此的掌心，守著愛情的陣營。

捧著的愛，忽然有一天，失去了安全感，稍有風吹，草就會搖動。手在恐懼裡，一點點合起，彷彿這樣就算風吹來，也不會搖搖欲墜。

此刻，他們在彼此的掌心，輕輕握著，時而甜蜜，時而拘束，愛少了自由跳躍的空間，卻也能在輕握中，相安無事。

愛走著走著，輕握，似乎已不能讓愛情安然無恙，他們生怕握在掌心的那個人，不知哪一天，如流沙般在指縫間溜走，從此無影無蹤。

愛到至深，愛是恐慌。

愛到至深，愛是控制。

好像只有步步緊逼，才能步步為營。

於是，輕握的掌心，一點點握緊……

以為只有在不斷的握緊裡，那個想要挽留到天長地久的人，才會在彼此的愛情裡，駐足成為不變的纏綿。

愛不怕偶爾的疏離，愛最怕沒有去安全感。失去安全感的愛，變得極端而偏執。偏執到以為，愛愈控制愈牢固。

只是那份用心良苦的控制，沒有給那個人一片自由的天，沒有給愛情一個溫暖的城，沒有等到那份自以為堅不可摧的牢固。

最後，是喘不過氣的窒息，是轉不過身的桎梏，是飛不過海的疲憊……

愛，最後只剩下，掙脫、推開、離去……

愛，終將在牢籠裡，叛逆成狂……

＊　＊　＊　＊

愛的控制欲，總是在愛的路上，愈走愈步步緊逼。

他愛上她時，本以為只要有愛，只要在一起，每天都是幸福。

可很多時候，愛就是愈看愈緊，愛得愈深，控制欲愈強。

他是個天才小說家，她是他的小迷妹，看過他的小說後，她就喜歡上他。他曾經無數次在自己的小說中，憧憬過那種一見鍾情時，心彷彿被電擊的酥麻感。而當這個一臉痴迷、滿眼崇拜的女孩，有一天突然出現在他的現實生活，那種小說中曾經被勾勒出的畫面，突然被喚醒，他瞬間找到了愛的感覺。

戀愛開始的時候，起初他感覺一切美好得如夢幻般甜蜜而不真實，從陌生到相愛相守，原本在彼此的世界外觀望的兩個人，從此每天出現在近在咫尺的視線中。漸漸靠近的愛，讓他們在每天的朝夕相處中快樂無比。

愛的甜蜜終會在激情燃燒的餘溫後褪去。愛漸漸在現實中露出端倪，曾經那個仰起臉看著自己便一臉幸福與滿足的女孩，忽然在愛到情濃時，變成了欲求不滿便滿臉憂愁不滿的臉。本以為，那個崇拜的眼神，會一直追隨著他的意願，在他的掌控裡，心甘情願地以戀慕者的形象，存在於他的身邊。

而她，當初那麼甜蜜地跳躍在他的掌心，像一朵甘願被他採摘於手的花朵，感受著他手心的溫度，她便心醉不已。隨著一天天的愛如潮水，她感覺他的手在一點點合起，她知道他像是拿下一隻獵物一樣，想要牢牢困住自己，而愛到情濃時的她，卻也那麼樂得其所地被他握緊，以為這種被控制的安全感，是彼此都需要的心靈慰藉。

控制是一種會上癮的欲望，讓人欲罷不能，他對她的控制，從每天的生活點滴，漸漸延伸到了企圖控制她的言行和思想。

相愛的那段時間，他的事業蒸蒸日上，才華橫溢的他，加上原本就喜歡文學，他很快就成為知名的作家。

一直以來的自信，讓他很清楚自己要成為什麼樣的人，一直以來的不甘示弱，讓他做任何事情都會比別人努力百倍。每一部作品，他都是浸潤著全部的身心和情感去創作，於是每一部作品的誕生，都是一次華麗的登場。

而她，許久以來，都是停留在他的手心裡，看著他在精彩裡成長。

戀慕，漸漸變成卑微。她愈來愈覺得，她跟不上他的腳步。

而隨著名氣增大，他的控制欲也愈來愈強烈。

她一直以來的妥協，對他而言，就如被他征服的獵物一樣擁有滿足感，這更加重了他的控制欲。彷彿他們愛情裡的一切，都應該在他的指揮之下，而她存在的方式，就是對他言聽計從。

被控制的人，終將在愛情裡失去自己的顏色和風采。

他眼裡的她，一天天沒有了最初的可愛和美好，他覺得她像是攀附在他身上的花花草草，除了依賴，別無所長。

對她控制至深，卻又嫌棄她不作為。當愛變得扭曲時，愛也會變得無理取鬧。

那一天，是他的書籍發表會，現場有不少知名作家、業界人士，女孩盛裝出席，本以為可以給男孩一個驚喜。可當她出現的那一刻，他用輕蔑而挑剔的眼神看著她，在眾目睽睽之下，斥責她穿的太過低俗……

那一刻，她感覺自己的尊嚴，一點點被撕裂、被踐踏……她含著淚轉身而去。

轉身的那一刻，她感覺自己，正在奮力逃離被他控制的掌心。

是的，她要逃離，她要還給自己自由。

這一段被控制的愛情關係，他們愛得壓抑而扭曲。

她開始在他的控制裡，叛逆成狂。

看著她的疏離和掙扎，看著她慢慢遠離他們的世界，他終於意識到應該還她自由了。

他們在各自的自由裡，彷彿又回到了最初開始的地方，他們在一片草地上相遇，柔和的陽光灑滿草地，兩個相互陌生又彼此吸引的人，在彼此尊重，獨立的維度裡，愛的美好而輕鬆……

＊　＊　＊

被愛人干涉、控制時，起初或許是甜蜜。

而控制愈久，終將無法呼吸；控制愈深，終將叛逆成狂。

愛是攤開掌心，在彼此的世界裡揮袖起舞的輕盈。

第五堂課

凋殘的傷情後，看清何處是不曾離去的真心

一廂情願的愛裡，獨自承歡的冷清

一廂情願的愛，是自己與另一個自己在愛情光陰裡的獨白。一廂情願的愛，是獨自承歡的冷清，是沒有配角的獨角戲，是一場一個人看過的煙火表演。一瞬間的煙花綻放後，是愈見孤寂的心。如果，讓愛在值得愛的人懷裡，爛漫盛開，會不會更美……

愛是一場煙火的綻放。

有時，只在自己的世界裡綻放，那一束束劃過天際的光暈，彷彿在繽紛色彩中炸裂開來的悸動，一瞬間，毫無徵兆地在心裡升騰而起。

愛情，在那個人出現的瞬間，宛如一場煙火綻放，氾濫成災。不知道那個人是否知道，自己已經在自己的世界裡，愛得死去活來。

那時，愛情是一個人的事。明明已經愛得澎湃，那個人卻渾然不知。

愛在自己的世界裡，被醞釀得濃烈而炙熱，對任何時刻都蓄勢待發。

於是某一天，帶著滾燙的愛，對著那個人發起了愛的宣言。

一場不對等的愛，在現實中登場。

愈是濃鬱的愛意綿綿，被愛的人愈是理所當然。

濃烈的愛，對質著被動的愛，從來就不曾勢均力敵。

這場愛情的開始，注定是一座失衡的天秤。

愛的人，傾盡真心跋涉在彼此愛的路上，以為只要付出就能獲得一切，愛就在盛滿濃情蜜意的杯裡，愈釀愈純。被愛的人在飲下時，也會升騰起愛的濃情蜜意。

不，那只是一廂情願的愛，永遠點不燃對方的愛，飲不醉對方的心。

一個愛的忘我沉迷，一個愛的風輕雲淡；一個愛的忘情投入，一個愛的冷眼旁觀。

那個被愛的人，彷彿置身事外一般，冷冷地看著那個愛到痴迷的人，在自己綻放的煙火表演裡，痴情著、瘋狂著、付出著……

那是一個人的煙火表演，是獨自承歡的冷清。

那個人，永遠都走不進來，永遠都看不到。

＊　＊　＊　＊

愛上他時，他是她心中的英雄。當愛在自己的世界裡，以崇拜的眼神望向一個人的時候，愛注定是一廂情願的開始，愛也注定是卑微的。

她愛他深入骨髓，可是他心裡沒有她，那是一場孤單的付出，是她一個人的獨角戲……

大學那年的某天，勤儉的她騎著腳踏車穿過城市，趕赴工作的地方，路過一座天橋，橋上人群熙攘，圍得水洩不通，好奇的她撥開人群擠到前面，想看個究竟。只見一個男人的背影，半蹲在一個暈厥的人旁邊，正在奮力做人工呼吸。

她本來只是想看看熱鬧，可這個男人寬大堅實的背影，不知道為什麼忽然莫名吸引著自己。

這時男人回頭對著人群喊道：「誰來幫幫我？我需要一個助手。」大家面面相覷，沒人願意過去。直到她從人群中站出來，走到他前面……

在她笨拙的配合下，他完成了簡單的急救，直到救護車趕到。

當他回頭看著她和她說謝謝時，她看到陽光灑在他臉上，映襯著他黑白分明的清澈的眼神，她一下被迷住了。

她懷著忐忑的心索要了他的聯繫方式，她知道，自己已經不可救藥地喜歡上了他。

愛一旦侵入心底，就會氾濫成災，失去控制。她知道在愛情裡，女人要矜持，可是愛在胸中洶湧難耐，不是她能控制的。

她開始經常以各種理由找他，一向熱心的他，看到獨自在外求學的她並不容易，便也諸多照顧。在他心裡她只是一個可愛乖巧的妹妹，而她卻早已愛上了他。

青春時的愛情讓人盲目，也讓人勇敢。聰明的她知道在他的眼裡，自己不是他想要的愛情模樣，但是她堅信堅持下去的愛終會讓他愛上她的。

他的心裡，一直有另外一個女孩。

那個女孩是他的初戀，他愛她至深，雖然女孩為了虛榮投入別人的懷抱，可他還是放不下她。

日子一天天過去，大學畢業後，她有了穩定的工作，可愛情的穩定感卻總是遙不可及。她對他的愛和依賴越來越濃烈，她知道想要走近他的心，有那麼難，但是她願意付出，哪怕只是一廂情願的付出。

愛情，在一個人的世界裡，在獨自付出的冷清裡，注定風雨飄搖。

那些日子，為了打動他，她開始費勁心思取悅他的父母，每天工作之餘，她會咬著牙拖著疲憊的身體去他家裡幫他媽媽做家事。漸漸地，他父母開始喜歡上了善良單純的她，在他們的心裡，她已經是未來的媳婦。

他看著事情的演變，有一些無奈，有一點迷惑，他知道事情已經出乎意料地向著不願意的方向發展，可她真摯熱烈的愛，偶爾還是會感動他的心，讓他在被愛的溫暖裡，忘記舊愛的傷痛。她知道，一直縈繞在他心底的女孩是不會回來了，眼前的女孩又對他情深義重，他決定接受她。

她欣喜若狂，似乎所有為愛付出的一切，終於有了撥雲見日的幸福。她以為從此她的人生裡便有了她想要的兩情相悅的愛情。

那段日子，他們做著所有情侶都會做的事情，他們手牽著手一起看電影、逛街、遊玩。他似乎進入了男友的角色，陪在她身邊做著她喜歡的事情，可是她還是能看到他偶爾迷離的眼神。

牽著她的手走過街頭，看著她甜美的笑臉，他會忽然想起心裡的她。電影院裡，她依偎在他身邊，看到感人之處潸然淚下，看著她純美的臉，他又會想起那個永遠不會回來的她。

愛一個人的心，總是最敏感的，每當他的眼神恍惚地繞過她的臉，她知道，他的心已經飛走。她看在眼裡，痛在心裡。偷偷擦乾眼淚，她默默地對自己說，總有一天他會忘記她，把心給我。

一廂情願的愛，在心底隱忍成傷……

一廂情願的愛，是一場獨自上路的孤單，無論愛的人怎麼努力，他不愛你，就是不愛。就算做了那麼多，就算拚命地想要靠近那個人，抓住那個人的心，可那個不愛的人，永遠站在遠離她的地方，與她的世界隔絕。

愛情最後還是要走向婚姻，她期盼的這一天，終於到來。有愛的婚姻，是兩張幸福的臉。可結婚那天，她看不到他眼裡的幸福，他空洞無望的眼神，讓她心寒。

那一刻，她猶豫了，等了這麼多年為不就是為了這一天嗎？可是她的心裡忽然沒有了安全感。

她看向他，為她的愛，做著最後的爭取。她問他：「你愛我嗎？」他不敢直視她的眼睛，躲閃著說：「妳不是想結婚嗎？現在如願了。」她看著他冷漠的臉，她知道，她永遠得不得他的心。

其實她一直就知道，可她還是在一廂情願的愛裡，做了那麼多年無謂的掙扎。以為只要愛得足夠熱烈，就能捂熱對方的心。

而愛到最後，留下的，只是獨自承歡的冷清。

她選擇了離開，拋下無愛的新郎，她第一次，選擇瀟灑離去。

她知道，她要走向，那個在愛情世界裡，願意和她結伴飛翔的人。

＊　＊　＊　＊

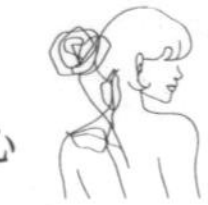

最好的愛，是兩廂情願。愛與被愛，才能同時被溫暖。

熱情似火的愛，投向寒冷如冰的心，注定是一場冰消雪融，在現實的世事風波裡，蒸發到煙消雲散。

一廂情願的愛，是自己與另一個自己在愛情光陰裡的獨白。

一廂情願的愛，是獨自承歡的冷清，是沒有配角的獨角戲，是只有一個人欣賞的煙火表演。

一瞬間的煙花綻放後，是愈見孤寂的心。

如果，讓愛在值得愛的人懷裡，爛漫盛開，會不會更美……

經歷傷心欲絕後，忽見真愛燈火繚繞

不愛你的人，在你的愛裡，愈趾高氣昂。而愛你的人，就在身後，你卻看不見，他一直等在那裡，想要成為一束光，想要溫暖你，你卻不肯靠近他。你在不被愛的迷惑糾纏裡，看不清，不愛的傷，和愛的暖。只要你肯回頭，只是一次回頭，終會發現，世間始終有人為你，深情以待……

愛的世界裡，有不愛你的人，和愛你的人。

愛情有時讓人捉摸不透，是個奇怪的存在。

愛你的人，你看不到。

不愛你的人，你偏偏愛得死去活來。

你像是被施了魔法，沉浸在「自己愛得天昏地暗、不愛你的人一點都不在乎你」的愛情魔咒裡。

那是一個不停旋轉的陀螺，帶著你以為壯烈到足以感動天地的情意，帶著不被愛的傷情，拚命地旋轉，明知是敷衍，明知不愛你的人的世界裡沒有你，可你就是停不下來。你以為只要有愛，就沒有到不了的愛情彼岸。

可是，愛不是一個人的事。你用無數次的卑躬屈膝，換來的只是一個冷漠的輕瞥，換不來一絲的溫暖；換來的只是敷衍的無謂，換不來片刻的深情。

不愛你的人，在你的愛裡，愈發趾高氣昂。

而愛你的人，就在身後，看著你悲從中來，死去活來，你卻看不見，他一直等在那裡，想要成為一束光，想要溫暖你，你卻不肯靠近他。你不給他愛你的機會，撫慰你的傷痛。

只要你肯回頭，把目光從不該投射的地方收回，放在愛你的人身上，他一直燃燒的溫暖，會如陽光般照射在你心裡。

那是靈魂深處，愛與被愛的對望，是生命世界裡，只有你的相守與深情，在燈火繚繞下，愛你入骨，暖你入心。

只是一次回頭，終會發現，世間始終有人為你，深情以待……

＊　＊　＊

有一首歌是這樣唱的：「愛我的人對我痴心不悔，我卻為我愛的人甘心一生傷悲；愛我的人為我付出一切；我卻為我愛的人流淚狂亂心碎。」

他經歷的愛情，彷彿是這首歌的翻版。

他一直是一個相信緣分的人，不肯輕易開始一段感情，直到大學畢業後，依然單身。

畢業後在一家公司實習，邂逅了她。無意中閒聊，才知道他們是來自同個地方。他眼裡的她，不是美得驚豔，但她一顰一笑都非常溫柔優雅。她的溫婉體貼，正對應了他的內向成熟。在相投的性格中，他們相處融洽。

不知道從什麼時候起，她開始頻繁接近他，每天晚上，她的電話都如約而至。內向的他似乎找到了傾訴對象一般，在電話裡，跟她講著自己從未向別人提起的故事，她也總是靜靜地聆聽著。

每逢夜班，他們邊走邊聊，盛夏的空氣中飄著淡淡的花香，他轉頭看著一臉溫柔的她，他知道她的內心，已有愛意滿溢。

被愛的人，並不是讀不懂對方愛著的心，只是被愛的人不夠愛，也不願意點破愛。

那天，他們一起出去遊玩。華燈初上，街道燈火輝煌，他們歡呼著在人群裡穿梭，奔跑嬉鬧，她像個孩子一樣歡喜雀躍，表現得可愛無比。夜深了，看著身邊情侶親密相擁，她看著他，眼神溫柔，有著幾分期待，他知道她在想什麼，但他卻迴避著她的目光。

感情有時讓人迷亂。他始終拿不准，他對她的感情是喜歡，還是愛。在這段剪不斷理還亂的感情面前，很長一段時間，他刻意保持著與她保持距離。

愛到情不自禁的她，還是選擇了向他表白。當那句我愛你衝口而出的時候，被愛的人總會在幸福到來時，變得毫不珍惜。一句再平凡不過的拒絕：「我們適合做朋友。」他拒絕了她的表白。

賢淑如她，再次相見，她拚命裝作若無其事的樣子，但眼睛裡卻有悲傷滿溢。她一如既往地對他好，就像那些傷害從未發生過一樣。

直到她選擇了離開他的城市。目送她走遠，那一刻，他有種悵然若失的感覺。

真愛就在身邊，他卻看不到。

一年後，他在一家公司開始工作。一年來他所有的變化，她都知道。那次一別之後，他們始終沒有斷了聯繫。

他知道，那個愛他的人，一直都站在那裡，為他等待……

只是，他看不到。

那一天，在辦公室裡忙碌的他，被一個身影吸引，那是一個美麗的女孩，精緻的五官、苗條的身材、清純的外形，再加上一雙清澈的大眼睛，猶如湖水般，明亮而深邃……

他知道，看到女孩的一瞬間，他就開始無盡的陷落……

得知女孩是新來的同事，他暗自竊喜著。從那時起，每次想到女孩美麗的樣子和溫柔的表情，就有一種甜蜜的沉重，或許這就是愛情的感覺吧。

為了接近女孩，他開始頻繁地出現在女愛的面前，漸漸地，他們熟悉起來。

愛到情深的他，願意為女孩做任何事情。每當女孩的工作過於繁忙，為了不讓她太過勞累，他都會自告奮勇去幫忙。

他對女孩的痴迷愈來愈深，愛情刻在心裡、寫在眼睛裡。他對女孩的愛每個人都看在眼裡。每次他出現在女孩身邊，為女孩的事忙前忙後，同事們都會心照不宣地開他的玩笑，但女孩總是笑而不語。

愛讓他忐忑不安，他猜不透女孩對她的態度。

直到春節長假，讓他明白，自己對女孩的思念已經十分強烈。假期過後回到公司，終於等到與女孩重逢，他迫不及待地想要對女孩表白自己的這份感情。當他出現在女孩面前，邀請她去看電影的時候，他發現她的表情淡淡的，以忙碌為藉口推辭著。

愛，總會讓人百折不饒。

愈被拒絕，愈不甘心。內向的他不知道該如何向女孩表白，於是發了一條示愛的訊息。像等了一個世紀那麼漫長，終於等到女孩的回覆，他顫抖著雙手打開，但那一瞬間，他愣住了，女孩要他以後不要再糾纏自己。那一刻，他感到一陣涼意透過螢幕刺入心底，他不知道，為什麼自己的愛，感動不了女孩。

那一夜，他整夜未眠。第二天，他直接找到女孩，為自己的愛情做著最後的掙扎。只是不曾想到，女孩對著他大聲喊道：「我不喜歡，我不愛你，你難道看不出來嗎！」

那一刻，他心如刀割……

還沒有戀愛便已經失戀的他，在頹廢中度過了漫長的一週。

一週後，他打開與外界斷絕聯繫的手機，只見手機裡有無數個未接電話和訊息，突然間排山倒海般跳躍而出，他知道，是曾經深愛過自己的那個女孩，排山倒海的愛，在他消失的這段時間，氾濫成海……

得知他的傷痛，她飛奔而至。

他看著她關切而焦急的眼神，看著她為了以最快的速度奔赴到他面前，而沁在臉頰的汗珠。

他終於明白，原來真愛一直都在，只是他不曾回頭看一眼。

他熱烈地擁她入懷，愛在心底溫暖蔓延……

＊　＊　＊

死去活來的情傷，是不被愛的傷；燈火繚繞的真愛，是愛的暖。

愛，是一場迷局。

在不被愛的愛裡，千回百轉，透徹心緋，任憑傷痛淪陷，始終不肯離去……

在被愛的真愛裡，不願珍惜，揮愛如風，任憑真情飄散，始終不願回頭……

其實，只要回頭，只是一次回頭，那個愛你入骨的人，就在生命深處，等待著，暖你入心……

回眸處，在不曾離去的真心裡停泊盛開

愛情，在疼痛中涅槃蛻變。終於明白，愛，不是一棵樹，吊死為止。愛，是一棵樹枯萎時，回頭是岸的另一種開始。從這個錯的人身上，收回目光，回頭。就在回眸處，這個不曾離去的人，原來一直都在。

愛，就注定了一生的漂泊。

一生的視線，沒有逃離過那個深愛的身影。

似乎，世間的一切繁華，只為一個人盛開。彷彿，這個世界所有的情愛，只在一個人的身上停駐。

於是，心意已決，終其一生，這個人已是唯一不變的聚點，心裡，不再為第二個人，掀起波瀾。

愛一旦孤注一擲，愛便一意孤行，儘管明知是錯誤，還是不肯回頭。

認定了，此生便發誓要忠貞不渝。

愛著愛著，日久總要見人心，愛久了總要見真假。那個人，當初以為一生只此一人的人，當初那個以為可是值得託付一生的人，忽然在現實中每一天真實的相處中，露出了以前不曾有過的真面目。

那些曾經的，溫柔的、可愛的、真誠的、勇敢的、堅毅的、擔當的、誠懇的……變成了現在暴躁的、可惡的、虛偽的、怯懦的、自私的、狡詐的、花心的……

真面目，是愛情褪去最初激情時的真相。

真相大白於愛情時，本是愛情一拳擊醒夢中人的時候。

可愛情最固執的魔力就在於，最初認定的人，就是最終追隨的人，眼裡只有這一個人，哪能再看得到別人。

定睛在那個人身上的目光，始終不肯移開。

可再深情的目光，也抓不住要離去的心。忽然有一天，那個人，還是選擇了離開。

傷痛欲絕。以為愛到至深的愛，終還是愛到凋零。

有時，曾經滄海難為水，除卻巫山不是雲，可能是愛情的假像。滄海和巫山，成了不能給自己幸福的傷痛。

愛情，在疼痛中蛻變。

終於明白，愛不是一棵樹。

愛，是當一棵樹枯萎時，重新發芽的另一種開始。

從這個錯的人身上，收回目光，回頭。

就在回眸處，這個不曾離去的人，原來一直都在。

一直都在，在你為愛落淚時，這個不曾離去的人，為你拭去眼淚；一直都在，在你悲傷無助時，這個不曾離去的人，為你撫平傷口；一直都在，在你無處可去時，這個不曾離去的人，為你打開愛的門……

這個人，一直在你身後，看著你在愛裡千回百轉，苦苦掙紮，卻始終帶著不肯離去的真心，等你回眸……

回眸時，愛便不再漂泊。

愛情裡，有人離開了，有人留下了。

愛，終究還是要在對的人裡，停泊盛開……

＊　＊　＊

少女時代，她美麗而清高。

每一個美麗女子的愛情世界裡，似乎都曾有那麼幾個追求者。

他，是她的第一個追求者，相貌並不出眾，但是才華橫溢，忠厚沉穩，一雙真摯的眼神裡，總透露著堅定的目光。

他不浪漫，卻體貼；他不甜言蜜語，卻踏實真誠。

他給她的愛情，沒有轟轟烈烈的死去活來，更多的是平穩安然。

她答應了他的追求。她知道，他是一個專情到可以託付一生的人。

她也以為，她會選擇在他懷裡，就此開始歲月靜好的一生。

直到那個男人的出現。

男人有一張讓女人看過就不會再忘記的臉。彷彿從漫畫世界裡走出來的俊朗男子，高大的身形，英俊非凡的臉，一雙深邃如深水的眼睛裡，閃著迷人的光芒，高聳的鼻翼，透著帥氣。

那是一張讓她沉醉的臉，第一眼看到男人時，她就知道自己已經開始淪陷。

恰好的是，她愛上的男人，也喜歡她，並開始瘋狂追求她。

她欣喜如狂。

但她知道，她身邊還有一個他，那個已經和她確立了戀愛關係的他。她也知道，她已經情不自禁地迷戀上了另一個男人，這段三個人的愛情糾葛，是不可避免了。

那天，她接受了男人共進晚餐的邀約。期間，他們聊得很開心，男人很紳士地照顧著她的每一處細節。她能明顯感覺到男人深情的目光，頻頻落在自己身上，帶著火熱的溫度，她內心狂跳不止。

交談間，她知道男人是一家公司的主管，這無疑是充滿誘惑的另一種條件。那天晚飯後送她回家，男人深情凝望著她，說她的笑融化了自己的心，說她是永遠的女神。浪漫，是愛情世界裡的符咒，稍一出口，就能讓心帶著幻夢，沉醉到遠離現實、沉醉到不切實際、沉醉到智商為零。

遠離現實的愛情，終會被現實擊碎。

就像這一刻的她，在男人的甜言蜜語中，所有理智線瞬間停滯。和身為男友的他在一起那麼久，他從未對她說過這種話。一瞬間只覺得有種莫名的悸動傳遍全身，一種在內心渴望了很久的激情似乎想跳出來，這種感覺讓她興奮不已。

愛情的攻勢，總是先從電話的閒聊開始。男人每天都會打來電話噓寒問暖，不時響起的訊息也總是透著柔情蜜意。男人很聰明，言語很有分寸，熱情而不過火，感覺就像一杯不冷不熱的水，帶著淡淡的溫度，喝下去很舒服。

漸漸地，和男友在一起時，她沒有了曾經的熱情，總是心不在焉，眼睛從來沒有離開過手機，只要訊息提示聲響起，她就會兩眼發光。

男友看在眼裡。從她眼神裡，看出了她內心世界的迷離。深愛她的男友以為，是自己對她還不夠好，讓她總是找不到安全感，所以才會如此心神不寧。

於是，男友加倍地疼她、愛她、對她好。只是她背離而去的心，已是無法收回。

那次，她和男人因為工作一起出差。原本是一個特別棘手的項目，她有些不知所措，男人擋在她的前面，陪著她一路談判，過關斬將，兩天後案子順利拿下。看著男人在工作時果斷俐落的狀態，她對男人的愛慕之中又加入了一些欽佩和欣賞。

隨著接觸的增加，她對男人的好感越來越多。而一直深愛她陪在她身邊的男友，卻成了她生命中一道礙眼的障礙。

一直以來知道她有男友的男人，窺見了她內心的蠢蠢欲動，開始對她發起更深的攻勢，直到她無力拒絕……

那一天，是她的生日。原本說好和男友一起慶祝，幾天前，男友就說好要給她一個大大的驚喜。一直以來對男友情感的背叛，讓她的內心愧疚不已，於是打算借助這個生日，在彼此的情感交融中，試著開始將心收回。

那個夏天的傍晚，潮濕的空氣中彌漫著絲絲浪漫。男人的豪車，擋在了她下班的路口，看著男人深情火熱的眼眸，心猿意馬中，男友被拋諸腦後。那一晚，他們共進生日燭光晚餐，浪漫無限、情意濃濃。她看著手機裡男友不斷打來的電話，她知道自己淪陷的心，真的已無法收回。

那一晚，男人開著豪車，帶著她穿過燈火明亮的城市。她醉意微醺，雙頰泛著紅暈，髮絲在夜風中飛揚。流水般的音樂聲，縈繞著天上的點點星光……氣氛浪漫得讓人想掉淚。

「我愛你。」音樂和星光裡，男人溫柔的話語使她陶醉。他們緊緊擁抱在一起……那一刻，男友在她心裡，已不復存在。

凌晨回到家，開門的一瞬間，男友孤單的背影，埋在沙發深處，一桌豐盛的飯菜，在精心布置的燭光裡閃著清冷的光。男友回頭，目光真誠而悲傷，他沒有指責她，只是說他等了她一個晚上，只是想要給她一個驚喜，隨即遞給她一個精美的盒子，她打開，是一枚鑽戒，安安靜靜地躺在首飾盒裡，閃著璀璨的光芒。

他說，這是他早已準備好的求婚戒指，想要帶在她手上。他說他知道自己不夠浪漫，但是他會一直陪伴她守護她，給她最真實的幸福。

那一刻，她的內心翻湧著心痛的自責，她告訴自己，不能再傷害這個真心愛自己的男人！

而背叛，有時是一種戒不掉的癮。

堅持了一個月後。在男人無數個電話和簡訊後，她還是控制不住思念，情不自禁地和男人見了面，在車裡，她把自己給了男人……

她的愛情悲劇，從此開始上演。

身心的背叛，讓她下定決心和男友分手。分手那天，她看到了男友眼裡的悲痛欲絕，也感受到了深愛自己的男友不願意為難她。離別之際，男友強忍心中傷痛對她表示，願意放她自由，只要她幸福，但是如果有一天她肯回頭，他願意一直等在她身後，只要她回頭，就能看到他……

真愛就是，一回頭就能看見的那個人，在你的生命裡不離不棄。

可惜她卻看不到。

離開男友，和男人開始名正言順的愛情，她欣喜如狂。

她以為，男人也會像她一樣開心。

可當她將這件事告訴男人的時候，卻在男人的眼神裡看到一絲閃爍不定的目光。

滿腔興奮瞬間轉化成恐慌，她一遍遍追問男人要不要和她在一起……

男人卻彷彿變了一個人，推開她，他說永遠太長，誰知道一輩子會發生什麼……那一刻，她忽然發現，自己被這種自以為美好無比的愛情，愚弄得體無完膚。

她不記得那天，自己是怎麼回到家的。只記得踉踉蹌蹌走到樓下時，聽到背後有人輕喚她的名字，驀然回頭，透過淚眼朦朧，只見曾經的男友，那個曾經被自己背叛過的人，站在身後，微笑著向她張開雙臂……

她擦乾淚水，奔向他的懷抱，那個帶著一生一世溫度的懷抱……

＊　＊　＊

愛情的世界裡來來去去，終逃不過現實的洗滌。

現實，是一面照妖鏡，澄請了真相，滌蕩了真心。透過鏡子，也總能看清所有的真心假意。

拭去浮華，愛與不愛，一目了然。

那就彈指一揮間，彈去假意的甜言蜜語，不為不值得的人，流一滴眼淚。

只是回眸就會看到，真愛，在不曾離去的真心裡，一如既往地盛開。

道別痛徹心扉的失戀，走向繾綣綿延的真愛

失戀時，他們流著淚說著，此生再也不會愛了。不！生活聚散悲喜，都是尋常之事，沉湎於過去，就會錯過前路的美好風景。失戀後的蟄伏成蛹，就在那一天，化繭成蝶，破繭而出，蛻變的她驚豔了時光。終於，在雲開見月明的那一刻，還是迎來了以為再也不會愛的真愛。

失戀，就像是一把插入心臟的刀，痛到無法呼吸。

彷彿一夜之間，曾經一點點用真心堆疊的城堡，忽然天崩地裂灰飛煙滅……剩下的，是撕裂的傷、揉碎的心，和紛亂的淚，交織著將身心投向痛不欲生的深淵，無法自拔……

忘不了那時初相見，他們的眼神在彼此的眼裡，找到了停下來的理由，以為今生今世，就是他了，再也不變了。

也許是當初的不變初心太過篤定，也許是每一段愛情的最初太過飛蛾撲火，也許是愛的旅程不曾想過山窮水盡……

忽然有一天，以為的不變，突然變了，那份意外的打擊，才來得那麼排山倒海。

世間總有些情，都經不起世事無常。

太快了，昨天還說著天荒地老，今天就已成失戀。剎那之間，風雲變幻，情事凋零。

似乎，愛情已不是曾經的模樣。

於是，愛情成了支離破碎的失望。於是，以為真的不會再愛了。

難道，一次錯誤，就真的不會再愛了嗎？

不！

＊　＊　＊　＊

他們像世間所有的情愛男女一樣，在偶然中相遇，在心動時愛上。

當初邂逅她，如湖面遇見陽光，折射出熠熠生輝的一片未來。

當初遇見他，世俗一切壓力和阻力，都抵不過千山萬水追隨他而去的決心。

當初目光在交集的那一刻，只一眼，一眼便愛上，再也不捨得把目光挪開。

當初他們決定牽起彼此的手，以愛情的名義。以為只要有愛，就可以翻山越嶺，就沒有到不了的未來。

相見恨晚，於是恨不得馬上融入彼此的生活——小時侯的他一定很可愛，一定人見人愛，他喜歡穿什麼顏色和款式的衣服？他的鞋子是幾號？他平時的愛好是什麼？他喜歡吃什麼？他每天都開心嗎？這些年來有沒有愛上過誰……

她一次次練習見面時的呼吸。她覺得，這個世界上除了他，他的名字再也不會被誰從嘴巴裡溫柔呼喚。

那的確是一段甜蜜的時光。以至於後來訣別後，她再回憶起來，才痛得那麼不捨。

那時，他們約會，以為會一直走下去，就這樣，真心真意走完這一生，永不訣別。

她恨不得天天和他在一起，不放過任何一個見面的機會，只是想多聽他說一句話，多看他一眼。

他們很愛很愛彼此，巴不得每分每秒在一起，她喜歡深情地靠在他的臂彎裡，觸摸著他的下巴，說著永不分離；她喜歡讓他把自己背著在風裡跑，她輕輕一跳，雙腿盤住他的腰，在他的後背上像個孩子般手舞足蹈。

她幸福無比，以為他會縱容疼惜她一輩子，以為找到了世界上最真摯、最唯美的愛情。

於是，她在愛情裡醉了，醉得忘記了現實；忘記了物換星移、光陰莫測；忘記了時間可能會消磨最初的美好。

世事無常。他們的戀情因為種種原因，在後來的日子裡，變得舉步維艱。從一開始的矛盾不斷，到彼此誤解，繼而是無休止的冷戰。

那一年，他面對她，說著我們分手吧。他說一切都是他的錯，但是他走不下去了。她像所有失戀的女孩一樣，問著無謂的為什麼。他像所有以不合適的名義說著分手的男孩一樣，認為這一切沒有為什麼，如果非要一個理由，那就是不愛了。

曾經海誓山盟，怎麼可能不愛了？一瞬間，時間彷佛凝固了，一瞬間，時間又彷佛飛回了相愛的最初。初識時的驚喜和甜蜜似乎還在昨天，可一轉眼就灰飛煙滅了。

她淚如雨下。她的眼淚再也不能打動他的心了。他不再憐惜地捧著她的臉拭去她的淚，而是面無表情的看著她，轉身消失在她的世界裡。

她瞬間崩潰。

失戀之後，便是再見，再也不見。

那是一場山崩地裂的災難，那是一段暗無天日的時光。衣帶漸寬終不悔，為伊消得人憔悴。她不想見人，不想說話，不想做事，任憑眼淚氾濫成災，那時的夜晚總是遙遙無邊。終日裡窩在沙發裡，聽著情歌流著淚。

她哭著喊著，此生只有此一人，再也不會愛了。

她忘了要怎麼忘記一個人。她忘了世間的其他男性，她忘了一段傷情後，下一段真愛正在醞釀著……

時間是個好東西，痛苦終會被沖淡，心裡的結也終會破冰。

那一天，她走出家門。陽光很刺眼，那是初春，樹上的嫩芽開始新時節的萌芽。她頓覺花兒如果沉溺於冬天的凋零之痛，怎麼會迎來新的盛開？

心結打開，便宛若新生。她開始和往常一樣工作、學習，約著三五朋友出來喝茶、聊天；閒暇之餘在健身揮汗如雨。彷彿間，很多事情都過去了，生活又開啟了新的希望。不再糾纏失戀的傷悲，記憶也在時間裡變淡，淡到一切都已坦然。

昔日的笑靨重回臉上，甚至比先前更燦爛，她依然是當初那名美麗的女子，而失戀的陰影也早已煙消雲散。

重新活過後，便是風過無痕。

一年後，她戀愛了，沒有傷過後的畏縮，她依然愛得真摯投入。

不久，她成了幸福的新娘。曾經的那段痛徹心扉的失戀，已經成了塵封歲月裡的故事。

她知道，沒有那段悵然的失戀，就不會有現在這份溫暖的真愛……

＊　＊　＊　＊

失戀時，他們流著淚說著，此生再也不會愛了。

不！

生活聚散悲喜，都是尋常之事，儘管失戀時悲傷欲絕，但都不能讓時光停下腳步。

光陰那麼長，人生那麼美，若只沉溺於過去，就會錯過前路的美好風景。

時間可以照出一切，也可以讓真相浮出水面。

終於，在撥雲見日的那一刻，還是迎來了以為再也不會愛的真愛。

第六堂課

當愛缺席，也要在自己的世界裡當一顆太陽

在無愛的世界裡，獨自狂歡

有愛的世界，是兩個人的暖；無愛的世界，也可以成為一個人的狂歡。不如，在無愛的日子，把一個人的世界裝扮得豐盈充實，把一個人的的日子過得詩意盎然……終有一天，那個可以溫暖你世界的人，會在你獨自的狂歡裡，與你一起笑，照亮彼此的世界。

無愛的世界裡，心是一座空城。

彷彿不被愛溫暖的世界，都是冰冷。

冰冷而空洞。一個人的吃飯、旅行，到處走走停停，也一個人看書、寫信，自己對話談心。孤獨無依的心，找不到停泊的角落，可以將一路風塵僕僕的行囊，輕輕卸下。

直到遇見一處臂彎，所有的安全感，都在那裡盛開。任世界風雨飄搖，愛在這裡依然風平浪靜。

多麼美的世界。在該愛的年華裡，愛是一顆糖果，含在嘴裡就會散發出甜美的味道；愛是一道耀眼的光，照在心裡就會折射出溫暖的光暈。

愛那麼美，所以愛總被渴望著。

而愛，總會遙遙無期、求而不得、遇人不淑、真愛難覓……

不是每一個人，都能在想要愛的時候，愛就如期而至。愛，總會有等不到的時候，得不到的時候，抓不住的時候，遇不見的時候，無緣的時候，錯過的時候……

於是，總會有一段無愛的世界，在人生的某些時候，空蕩蕩地飄過。渴望愛的美好，卻承受不了愛的孤寂，是情感世界的無奈，也是情感世界的常態。有愛的世界，是兩個人的暖。無愛的世界，也可以成為一個人的清歡。

收起顧影自憐的傷感，收起哀怨，收起不被愛的自卑。青春很寶貴，哪有時間揮霍。不如把一個人的世界裝扮得豐盈充實，把一個人的的日子過得詩意盎然。終有一天，那個可以溫暖你世界的人，會在你獨自盛開的清歡裡，聞香而至。

與你一起笑，照亮彼此的世界。

愛的時光很長，何必慌張。

＊　＊　＊

她的愛情，始於寂寞。

那是青春時期，愛開始沸騰的季節。看著眼前男女在愛的世界裡暢遊，寂寞難耐的她，心也隨之蠢蠢欲動。

空窗寂寞冷，被愛的需要，是一種本能。可緣分，不會因為需要，就如期而至。

於是，因為需要愛，所以刻意去愛。

很多錯誤，就在這裡開始。

那時的她，生活中一直沒有遇到心儀的對象。帶著無法排遣的寂寞，在網路上邂逅了一個男孩。網路的世界，讓愛也變得神祕而飄渺。隔著螢幕，他們傾吐心意，無所不談。

愛就這樣，在虛擬的世界裡上演了。

他們生活在兩個城市，開始時，是一場沒有見過面的戀愛關係。

本以為，網路的愛，可以填補這缺乏愛的現實，所沒有的愛意纏綿。而缺少了朝夕相處的戀愛，應該會有更多的交流方式去填補空隙。可事實似乎並非如此。

起初，她似乎很滿足於這種遠離現實生活的夢幻戀愛方式，一切塵世的紛擾，隔離在網路之外，所有的濃情蜜意，僅限於閃動的頭像，纏綿的文字，和遠隔千里的語音。這樣的情感方式，注定是風平浪靜的。

可是，愛是愈演愈深的索求，每走一步，都有更深的訴求。

情到濃時，她不再滿足於網路的愛意，那無疑是隔靴搔癢。

於是在每一個節日到來的時候，他們會為彼此郵寄一些禮物。收到禮物的那一刻，她也曾有那麼幾分激動，彷彿感受到了幸福的滋味。可是，望梅止渴的心動，很快便煙消雲散了。

愛存在於網戀的日子裡，依然是「遠水解不了近渴」的孤寂。

那天下線後，她回到一個人的現實中。客廳裡，昏黃的燈光在地板上閃著幽暗冷冽的光芒，窗外，狂風大作，把玻璃窗震得陣陣作響。

她靠在床上，眼睛茫然地掃向窗外，風用呼嘯而過的渾厚聲音，撫慰著她的寂寞。她知道，這又是一個不眠的夜。

網路裡的愛，彌補不了現實的空虛。她不知道這樣的感情，還要不要繼續。

訊息的提示音，突然在夜裡響起，劃破了現實的寂寞。他幾乎每天都會對她傳訊息，有時是中午，更多是在深不見底的夜晚。

也許每一個深陷網戀的人嗎，都耐不過夜晚的黑。

曾經，每當他的訊息在夜裡響起時，她的心都會悸動不已。

而現在，她看著那個從「遠得不能再遠的遠方」傳來的訊息時，心裡變得錯綜複雜。

曾經的海闊天空，慢慢地停留於一問一答固定式的對話。他們彷彿被虛無縹緲的網戀消磨殆盡的兩台機器人，所有的對話，只是為了緩解彼此的寂寞罷了。

本以為，這樣的愛，可以溫暖沒有愛的孤獨。

可失去期望中愛情原該有的模樣，愛的世界裡，依然是無愛的無奈。

兩個人的寂寞，不如在無愛的世界裡，獨自狂歡。

愛可以讓生命更精彩豐富，而沒有愛的狂歡裡，也一樣可以成為一個人的獨秀。

告別沒有現實的網戀，把隱藏在網路背後的發黴的情感，放在現實的太陽下，烘乾。她忽然發現，陌上花開，一個人的快樂，比無愛的無奈，更動人。

不如回到一個人的世界。一個人的世界裡，她不再為看不到未來的愛耗盡時光和心緒。於是便有更多的時間享受生活，一首歌曲，一本書，一個人的世界也有詩和遠方。一段說走就走的旅行，背起簡單的行囊，一路邊走邊看，看著外面更廣闊的世界，聞著陽光灑下的味道，心也變的輕盈自由。不必牽掛著某個人，沒有起伏不定的喜怒哀樂，只有淡雅的心緒，在獨自走過的日子裡盡情抒發自我。

一個人的世界裡，她不再把自己的身心禁錮在愛意糾纏裡。於是便有更多的時間投注友情，世間的愛除了男女之情，還有很多種情感。和朋友在一起，她彷彿回到了青春時代，可以一起創造出更多青春的回憶。不必在愛情的牽掛裡撕心裂肺，在簡單的友情裡遨遊，便是幸福。

一個人的世界裡，她不再把所有的日子都過成相思成疾。於是便有更多的時間修煉自己，她開始更理智地規劃人生，讓自己盛開如花，而不是把人生的全部建立在另一個人的身上。當她學會用「當局者迷，旁觀者清」的眼光重新審視自己曾經愛過的人或事時，便能以更加犀利的眼神去洞穿未來的愛情，應該以什麼樣的姿態盛開。

她也始終相信，那個願意照亮彼此世界的人，會在她獨自盛開的春天裡，聞香而來……

＊　＊　＊　＊

無愛的世界，不是冰冷。

因為需要愛，而刻意愛，才是更深的冰冷。

無愛的愛，是兩個人的寂寞。

兩個人的寂寞，不如一個人的狂歡。

在一個人的狂歡裡，真愛便有了開始的理由……

為寂寞而錯愛，便是錯愛後的寂寞

為寂寞而錯愛，便是錯愛後的寂寞。不如留在寂寞的世界，等待真愛如期而至。因為，兩個人不愛的寂寞，比一個人無愛的寂寞，更殘忍。愛，原本是純粹無比的事情。

愛的季節裡，寂寞是一把冷豔的劍，閃著刺眼的寒光。又彷彿在獨自倚窗的秋夜裡，看夜空裡的月明星稀，在無邊的空茫裡，寂寞地透著清冷的微光……

愛的世界，最怕的是寂寞。目光所及之處，沒有愛的聚點；伸手觸摸之際，沒有愛的體溫；心靈所歸之地，沒有愛的身影。

在最好的年紀，怎麼可能不渴望愛？那種渴望，是心癢難耐的，更是迫不及待的，彷彿得不到，人生就無所依歸一般，漂泊不定。

看著身邊所有的成雙入對，所有的愛意纏綿，所有的執子之手與子偕老……好像世界所有美好的愛，都留給了別人。而自己的世界，是無邊的形單影隻的等待。

於是，愛在寂寞裡開始。

於是，很多愛在為了填補寂寞空虛時，無時無刻上演。

不是因為愛，所以愛；是因為寂寞，所以愛。於是，愛變得不再純粹，愛成了寂寞的撫慰。

始於寂寞，兩個人的愛注定是牽制。因為寂寞走進彼此的世界，所以害怕寂寞的糾纏成了愛的全部。以為愛，就是把一個人綁在身邊，控制在目光可及的範圍之位，似乎稍有疏忽，這個人就會從自己的世界消失，留下孤寂無依的一個人，回到曾經寂寞無邊的暗夜。

這種寂寞的牽制，終會累了彼此，那便是更深的逃離，更深的寂寞。

開始於寂寞，一旦任何一方的真愛出現，寂寞空洞的眼神，便在愛的燃燒裡，有了新的目標。那是一場歡聚的盛宴，誰都無法阻隔，無論你多麼不捨的挽留，那個遇到真愛的人，都會義無反顧地奔向真正的愛情。唯獨留下你，重回自己的寂寞世界。

因為寂寞而愛的愛，終會在真愛到來時，無所遁形。那時便是更深的寂寞。

為寂寞而錯愛，便是錯愛後的寂寞。

不如留在寂寞的世界，等待真愛如期而至。因為，兩個人不愛的寂寞，比一個人無愛的寂寞，更殘忍。

愛，原本是純粹無比的事情。

＊　＊　＊

愛情，在她的世界裡，不是來得太飄渺不定，就是來得太刻意不安。

那年，她是大一新生，懵懂的青春，渴望愛戀的心在暗流湧動。班上有一個帥氣的男生，英俊高大，是她喜歡的類型，每次看到他在籃球場上跳躍奔跑，她的心就會湧上如電流般的激蕩。

暗戀是一段痛苦的旅程，還沒來得及表白，他的身邊就多了一個美麗的女孩。這麼優秀的男孩，身邊總會不乏追求者。性格內向的她，在大學前兩年的時光裡，除了那位男生，再也不願意喜歡任何人。

青春的世界裡，無愛的寂寞，是一座無底洞，心在無限的空洞裡，掉落又掉落，卻始終找不到依靠的停損點。那是心靈的空寂，讓人抓不住一絲可以慰藉的安全感。

愛，有時也許僅僅就是一種安全感的需求。

愛的寂寞最怕現實的誘惑。大三那一年，她心底那根弦，那根「為了等待真愛寧願孤獨」的弦，在現實環境面前，一點點斷裂。

校園裡，時不時就有成雙成對的情侶們手挽著手，愛意纏綿地從身邊路過，她看著女孩依偎在男孩懷裡幸福的笑臉，內心的寂寞，會突然氾濫；

深夜時分，從圖書館出來，夜色清冷，抱著雙肩孤獨地走在校園的小徑，回頭，不遠處的長椅上有著情侶們在夜色裡交頭接耳，畫面充滿著浪漫的溫暖。而她身邊，只有涼風吹過的寂寞，寒徹心扉；

回到宿舍，本以為寂寞可以暫時停損。才剛拿起書，對面的室友在電話裡和男友情話纏綿，那綿延不絕的笑聲裡，是愛的幸福在蕩漾，而這笑聲落在她寂寞的心裡，卻是那麼悲傷難耐。

時光那麼長，無愛的世界，是隨時陪伴身邊的寂寞飄零。

她寂寞的內心，變得越來越渴望愛情。

那一天，也許是命中注定的一天，她為寂寞而錯亂的愛情，開始在冥冥中上演。

那一天漫天飛雪，室友都去約會，空蕩蕩的宿舍裡，似乎只有她和她的心跳聲，在寂寞的空氣中回蕩。

百無聊賴之際，她打開了電腦。交友網站上閃爍的頭像，是一個網名叫「寂寞沙洲」的人，申請加為好友。

輕輕一點，他們即刻成了網友。

可就是這輕輕一點，命運便在悄無聲息中被改變了。

網路，是一個永遠無法看清現實的地方。她對他的了解，起初開始於聊天，他們所有的互動就是閃爍的頭像，敲動的鍵盤，和不斷閃現的聊天內容。對方聲稱自己是一家公司的高管，家境良好，言外之意就是典型的高富帥。

太過年輕又沒有戀愛經驗的她，卻那麼輕易地相信了他說的每一句話。

最讓她欲罷不能的，是每一次她孤寂時，只要一上網，就能看見隔著螢幕的那個人，那閃爍的頭像裡，溫暖的光亮。

那段時除了上課，她把所有的時間都留給了網路。隨著慢慢的熟悉，他們的話題也漸漸多了起來，內向的她，感覺自己把曾經沒有說過的話，都在和他短短相識的這段時間裡說盡了。

她每天最期待的事情，就是坐在電腦前，對著那個人的頭像，帶著滿眼溫柔的愛意，淺笑地敲著鍵盤，把所有的心事，和綿綿情話，化作一串串文字發給他、那個她從未見過，內心卻已經認定為男友的人。

她不知道該如何定義內心的情感，她只知道，有了這段每天不曾謀面的聊天，她的情感世界，不再寂寞冰冷。

隔著網路上的認識，終會在現實中見光。

三個月後他提出見面，當真實的樣貌終於要見光的時候，她內心還是充滿了忐忑。這是一種難以言狀的複雜的心情，她害怕見面後所有網路上曾經美好的感覺，都在現實裡變得面目全非。

但是見面，是遲早要來到的事情。那天，他們約在距離學校不遠的一家咖啡店，一進門她我便認出了他。

他看上去很普通，並沒有像他自己描述的那樣陽光英俊，莫名地，她感覺現實的見面，無形中扼殺了網聊時那種美好的神祕感。許是因為網路上聊得已經足夠多，見面時彼此尷尬無語的氣氛，一度令空氣凝固。

本以為故事就這樣結束了。那天傍晚時分，他送她回學校，走在林蔭小路，路邊三三兩兩情侶相擁而過，看到這些，她忽然有些尷尬。回過頭，無意中和他的目光對視，她看出他目光裡的渴望。就在她不知所措之際，他忽然從背後抱住她，鼻息吹到她臉上，她有了莫名的不適。他喃喃地說，她比網路上更討人喜歡，他要她成為自己的女朋友。

她甩開他，羞澀地跑回宿舍。

現實中突如其來的告白，讓她變得忐忑不安、矛盾糾結。現實見面後，她知道自己並不了解他，也不愛他，怎麼可以就這樣隨意把自己的情感交給一個人；可無愛的世界太過寂寞，她太需要一個人，來慰藉自己空洞無依的情感。

她決定，為了寂寞而戀愛。

在一起的最初。他們像所有戀愛中的情侶一樣，約會逛街看電影。第一次戀愛的她，以為愛的世界會如她期待的一樣，幸福如蜜，可不知道為什麼，除了愛的世界裡不再寂寞，她似乎從未體驗到愛到轟轟烈烈的感覺。

一個月後的那個雨夜，像是冥冥中命運的捉弄一般，她的惡夢就此開始上演。

那一天，雨下得很大，電影散場後，她原本要搭車回學校，可是卻一直搭不到車。站在路邊的雨裡，她瑟瑟發抖。於是他提議回他附近的家避雨，她內心感覺不妥，但是此刻又無處而去，於是便勉強同意。

那是一間不大的套屋，屋裡陳設簡單。坐下後，他們有一搭沒一搭地聊著。眼看已到深夜，她準備起身告辭，可是他卻突然抱著她，說著對她的愛戀和渴望。她知道他想做什麼，並試圖推開他，可他溫暖的懷抱，讓她莫名有了一種安全感。就是對這種安全感的需求，讓她沉底淪陷、淪陷……

因為寂寞而淪陷的愛，注定是一個悲劇。

這件事發生的一週後，他突然從她的世界消失，打電話不接，簡訊也不回，頭像永遠是灰色。無意間，她看到他最近發布在網路上的照片，裡面是他和一個女人訂婚的照片，照片上的他，笑得很開心。

那笑容，彷彿一道帶著利劍的晴天霹靂，直接刺入她的心……

那是更深的傷害、那是更深的寂寞，比曾經無愛的寂寞，更加殘忍無比……

＊　＊　＊　＊

一個人無愛，是寂寞。

兩個人無愛，是更深的寂寞。

因為，為了寂寞而錯愛，便是錯愛後的寂寞……

冷暖相伴的人，永遠不是可有可無的備胎

多悲哀，備胎的身分。備胎，像是一個笑話，站在愛情最尷尬的角落裡。備胎，不會煨暖孤寂。那只是一個可有可無的影子，飄來飄去，在愛的世界之外，遊蕩無依……

所有的愛情，都是兩個孤獨的靈魂，在人世間那一次次尋尋覓覓後回眸間，彼此戀慕的目光交織，所碰撞而出的溫暖花火。

只是那一次，撞擊而出的花火，溫暖了兩個孤寂的靈魂，溫暖了愛情的時光。

愛的暖，那是投影心間的春風拂柳，輕輕擺動便可以彈去心中的煩憂；愛的暖，那是滌蕩心間的午後春陽，絲絲淺照便可烘乾潮濕的陰霾……

愛那麼暖，誰不渴望？

可並不是每一次渴望的回眸，都能如期碰撞到那一次心動的眼波交織。

前世千百次的回眸，才換來今生的一次擦肩而過。緣分那麼不容易，邂逅那麼不可預期。

唯一能做的，似乎只有在孤獨的時光裡，做好自己，安靜等待……

可等待的時光，太過漫長，漫長的彷彿看不到未來，到底有多遠。

於是，愛在迫不及待時，將就著找到一個還算可以的人，試著走近彼此，溫暖彼此，以為從此後，不管有沒有愛意纏綿，總算是可以溫暖那長長的孤寂時光。

為了寂寞而靠近的愛，終不會真正走進彼此的心裡。

終有一天，本以為靠在一起的取暖，成了兩隻彼此刺痛的刺蝟；本以為交織纏綿的愛的目光，成了兩相漠視的冷眼對峙。

本以為可以撫平寂寞的相依，成了可有可無的「備胎」。

備胎，在彼此還沒有遇到真愛的時候，對方是食之無味棄之可惜的雞肋，就算不愛，也可以留在身邊，至少在寂寞的時候，有個影子從眼前晃過，也算沒有浪費時光；就算遇到了真愛，心裡有了另一個人。備胎也可以是呼之即來揮之即去的傀儡，就算不愛，也可以剩在生活的角落裡，至少在被真愛傷透心的時候，有個人在身邊傾訴，也算給愛情找一個發洩的出口。

多悲哀，備胎的身分。

備胎，像是一個笑話，站在愛情最尷尬的角落裡。

備胎，溫暖不了那份孤寂。

那只是一個可有可無的影子，飄來飄去，在愛的世界之外，遊蕩無依……

＊　＊　＊　＊

那一年，他們在校園相識，他們是大學的同學。

最開始認識她的時候，他並不喜歡她。她是一個伶牙俐齒的女孩子，一頭染金的頭髮總是綁著馬尾，配上她那張高冷的臉和冷漠的眼神，讓他一度反感無比。

愛總是在冥冥中悄無聲息地發生。

他們在某次課程上被教授安排一起，無意間成為了同桌。原本不喜歡她的他，和她坐在一起，每天都是如坐針氈的感覺。

原本以為這種沒有交集的關係，會持續整個大學時光。直到一個好朋友某天突然告訴他，自己愛上了她，希望他能以同桌的優勢，代替自己接近她，並幫忙追她。

他是一個把朋友義氣看的比什麼都重的人，所以雖然不喜歡她，但他願意為朋友赴湯蹈火。

於是，他就開始了每天有一搭沒一搭地跟她聊天。緣分真的是很奇怪的事情，漸漸地，他竟然開始覺得她，有那麼一點點可愛了。

後來，她拒絕了他好朋友的追求，卻和他成了無話不談的好朋友。

他終於知道，她是個有故事的女孩，她之所以那麼看起來特別好強，是為了掩飾自己內心的傷痛。他開始有了保護她的欲望，並開始對她產生了好感。

於是，她成了他生命中的初戀，她成了他生命的全部。

只是他不知道，所有的為愛痴狂，不過是備胎的悲哀。

那的確是一段瘋狂的日子。那一年要準備考研究所，原本打算報考金融相關科目的他，為了她決意要在學畫畫的路上，一路陪她走進夢寐以求的藝術學院。可只有他自己知道，每當拿起畫筆時，心裡對金融不捨的眷戀，還是會刺痛他的心。

本以為這樣的情深義重，必換來感天動地；本以為這樣的犧牲付出，必換來生死相依。可那一天，一個意外聽到的消息，如晴天霹靂一般炸響在他愛意正濃的心裡：她為了暗戀的男生，放棄了終其一生所愛的繪畫專業，改為專攻那個男生喜歡的專業。

他愛著她，她卻愛著別人；他為她放棄夢想，她卻為別人傾盡溫柔。

他痛苦而不甘，他想離去，可有一種愛就是這樣，明知前路是不被愛的痛，卻偏偏捨不得放手，彷彿自己一旦離去，那個深愛的人，就會孤單無依，危機四伏一般。

只是他不知道，那不過是愛意正濃的心裡，自編自導的感受罷了。

愛到深處人無助，他知道她愛著別人，可他還是願意陪在她身邊，做她「抬起頭便能看到他」的需要。

聰明如她，當然深知一切，她也樂意有他陪在身邊，當隨時可以依靠的「備胎」。

那段時間，他們是無話不談的朋友，他關照她的生活，傾聽她的心聲。那時，她談的最多是她喜歡的男生，她喜歡那種運動型男生，她說最幸福的事就是看他在籃球場揮汗如雨地飛奔，看他帥氣的臉，在陽光下閃動。

他聽到自己的心絲絲絞痛的聲音，他也第一次知道了什麼叫愛的嫉妒。

於是那段時間，他為了她，開始悄悄學習打籃球。本身不擅長運動的他，在球場上練習，身上傷痕無數，那副陪伴了自己三年的眼鏡，也在一次失敗的投籃後，支離破碎。

可他覺得，為了她，這一切都是值得的。

那一次，他為她表演自己苦練了許久的球技。她不屑地說，他打籃球的樣子，滑稽可笑，和那個男生，沒辦法相比。

那一刻，他嘗到了備胎的滋味，多麼苦澀。

大學的時光，接近尾聲。她終於和喜歡的男生成了情侶，那段時間，她們成了校園裡最耀眼的情侶，常常肆無忌憚地相擁而過，羨煞旁人，也弄痛了他的心。

他遠遠地看著她，在愛裡甜蜜纏綿，死去活來，他心如刀割。

每當在愛裡受傷，她會在他面前，梨花帶淚地哭述，並用迷茫的眼神看著他，一遍遍問他，為什麼，愛那麼傷人？

他知道，她的眼淚不是為他而流，可他多麼希望，她的眼淚是為他而流。

他心疼地攬她入懷，摸著她的頭，輕怕著她的後背，對她說，一切都會過去的，他會永遠在她身邊，在她需要的時候，保護她。

她感激地看著他，他知道，那眼神，只是感激，沒有愛。她也希望自己的生命中，永遠可以有這樣的一個備胎，在需要的時候有所傾訴。

而他，明知備胎的身分，卑微而悲哀，可是愛總讓人無能為力。

研究所的考試結束後，她如願和喜歡的男生，進入同一所學校。

而他去了另一個城市的學校，他們天各一方。

故事沒有結束，她依然和喜歡的男生愛著，他依然在遠方的城市默默關心著她，每當她心情不好時，他還是會在訊息裡，撫慰著她的悲傷。

明知備胎的愛，終將逃不開傷害，他卻無法走開……

一年後的一天，她對他傳了一張照片。照片中的她，穿著潔白的婚紗，笑顏如花地仰起頭，深情溫柔地閉著眼，那個他愛的男人，俯下頭吻上她的唇……

她說她訂婚了，她幸福無比，她說她終於和自己心愛的人在一起了，他可以放心了。

她還說，從此以後，她不再需要他，他可以去尋找自己的幸福了……

那一刻，他的心碎了一地。

那個晚上，他就跟喪屍一樣，站在宿舍的淋浴間裡，關燈了也不回去，拿著礦泉水瓶子，一瓶一瓶的往自己頭上澆水……

＊　＊　＊

因為太愛，備胎自願裝扮成可有可無的影子，帶著深愛著別人，卻不被愛的傷，步履艱難地登場。

似乎，每走一步，心都會在傷害的痛楚裡滴血成殤。

愛的不可控，是備胎的痛源。

不如，按下心裡的暫停鍵，轉過頭，揮揮手，揮別備胎的影子。

那一刻，你終將不再是別人生命裡飄過的一陣風……

讓舊愛在時光裡遠逝，讓自己在流年裡明媚

世間情愛，不過是兩個人的煙火，一個人的燦爛。愛之前，終要先回歸自我，在一個人的世界裡繁花盛開，讓自己明媚如春，讓自己燦爛如光，才能照亮自己、照亮那個人的心、照亮彼此。當你自成風景，像一個自帶光源的發光體，不用你抵死糾纏，那個人，自然會在眼波流轉間，望向你……

舊愛，留在昨天，卻也刻在心底。

那是一段深深的印痕，也是一條深深的疤痕，留在過往生命的某個時段，留在心底的某個陰暗的角落，以至於每次想起來的時候，心還是會在不忍觸碰的回憶裡，隱隱作痛。

那時，所有的時光都在愛意纏綿裡燦爛，所有的心情都在情事糾葛裡婉轉。彷彿世間所有的起伏流轉，都離不開這一份愛意纏綿。愛，成了生命的全部；那個人，成了活著的一切，彷彿沒有了愛，沒有了那個人，生命也不過是一片荒年。

愛那麼深，愛那麼重。本以為彼此緊拉的手，就是現世安穩，就是以身相許。

可愛情是最深的謎題，答案永遠寫在彼岸，那個不知道結局的未來，是當時相愛的彼此，都到不了的地方。

愛，忽然在現實的激流下，轉眼間被沖刷的殘破不堪。

愛走到幻滅的盡頭……

深入心間的愛，像是一枚深深鐫刻在皮肉裡的物件，生生拔下來的時候，會有血光瀲灩，會有疼痛刺骨。

所以，愛那麼深，愛才那麼痛。

舊愛，成了現在過不去的傷痕。不願想起，卻總是在午夜夢回時，把滿臉淚痕逼出；不願觸碰，卻總是在觸景生情時，在心底深處慢慢低回翻湧……

曾經的舊愛，讓無愛的現在，成了一個人的孤寂。

生活還是要繼續，心終究還是要走出來，看自己在一個人的日子裡燦爛，不是嗎？

那麼短的人生，那麼長的光陰，沉湎於曾經，會錯過眼前的風景。

於是，漸漸地，舊愛在時光裡遠逝，傷痕在時光裡療愈……漸漸地，痛不再那麼深，傷不再那麼重……

漸漸地，發現世間情愛，不過是兩個人的煙火，一個人的燦爛。

愛之前，終要先回歸自我，在一個人的世界裡繁花盛開，讓自己明媚如春，讓自己燦爛如光，才能照亮自己、照亮那個人的心、照亮彼此。當你自成風景，像一個自帶光源的發光體，不用你抵死糾纏，那個人，自然會在眼波流轉間，望向你……

於昨天，讓舊愛在時光裡遠逝。

於今天，讓自己在流年裡明媚。

于明天，讓新歡在吸引裡綻放……

＊　＊　＊　＊

愛情的最初，是一場在心裡醞釀的浪漫。

她從小的愛情夢想是，在穿著白色裙子的季節裡，遇見一個在風裡走來的男子，身上帶著青草的氣息。他們只一眼相視，便認定彼此。

這個一直在心裡徘徊的夢，我覺得它會實現的。顏予有些固執地這麼想著。

當她讀著古詩「青青河畔草，鬱鬱園中柳」的時候，彷彿看到自己，遇見那個他時，心靈像草長鶯飛一般，歡悅飛騰。

那一天，她走在桃花盛開的林蔭路上，陽光格外燦爛，空氣中彌漫著的淡淡花香，似乎能將孤寂潮濕的心熏暖。她回頭，一朵粉色花瓣落在肩頭，她微笑著拿下來，握在手裡把玩。忽然，一陣相機的哢哢聲傳來，她下意識看過去，只見一個男人正舉著相機沖她微笑，露出一口潔白的牙齒，俊朗的臉在陽光下，閃著熠熠的光輝……

她看見他徑直走過來，沒有任何寒暄，他微笑著對她說，她的側顏很美，有種似曾相識的感覺，她隱約看見他盯著她的眸是濕潤的。

她望著他，心狂跳不止。那一眼，她認定，眼前這個男人，就是她夢裡出現過的身影。

交往的最初，她們無話不談。他以前曾經有過一個女朋友，他很愛她，一年前因車禍離世，悲痛欲絕的他不停地旅行，不停地寫作，似乎只有帶著文字上路，才能將疼痛的心安撫。

她靜靜地聽他的傾訴，心疼之餘抱緊他的頭，任他的淚水打濕自己的衣衫。他抬起頭，望著她說，她溫柔的樣子，特別像那個女孩。

愛的痴狂掩蓋了她的理智，她只知道她愛他入骨，她要陪他走過生命中最灰暗的時刻。她卻沒有聽出來，在他心裡，自己不過是他曾經深愛之人的影子。

愛情，就這樣開始了，愛的最初，正如她一直憧憬的那樣，美好而浪漫。只是，她總能在他偶爾出神的眼神裡，看出他內心對曾經的情感流露出的念念不忘。她很難過，但她想總有一天他會走出來，忘記過去……

可是，隨著時間的推移，他眼裡的痛苦和寂寞越來越深……她看著他每次面對自己時，眼神裡的遊離和躲閃，內心忽然有了恐慌和危機，她隱隱感到，他還是忘不了那個女孩，他並沒有那麼愛她，她們的感情終要走到盡頭……

那一次，他已經是第五次，在她們的約會中遲遲不到，她忽然發現自己的等待，已經到了極限。見面後她們發生了激烈的爭吵，忽然，他歇斯底里地喊道：我一直以為我可以忘記她，愛上你，可是我做不到，我愛的人是她，而你，只是她的影子，和你在一起，就是為了懷念她，你知道嗎！

她心頭猛然一震，感覺整個人都凝固了。原來，在她愛到至深的人心裡，自己只是一個影子……

伸手拂過滿臉的淚痕，她仰頭長笑著說：影子？哈哈，影子？我這個影子，也該退場了……

她跟跟蹌蹌地轉身而去，消失在暗夜的盡頭……

失戀是苦澀而孤寂的，那時人生最艱難的一段時光，身心彷彿夜幕下的孤魂，永遠找不到太陽升起的方向。

舊愛不是說忘就能忘記的，每一個寢食難安的白晝和黑夜，她滿腦子都是他，她曾經無法抑制地想要去找他，卑微也好，低賤也罷，她會哭著求他留下來。可最後，理智還是攔阻了她衝動的腳步。

那些日子，她像一具行屍走肉，每次在床上合上眼睛的時候，腦子裡都會閃過他的形象，帥氣的臉，精緻的五官，鬍子拉渣，眉毛和眼睫毛都很濃密，她甚至還清楚地記得擁抱他時他衣服上散發的味道，混雜著青草香的淡淡煙草味道。

她不知自己什麼時候能走出來……

時光是最好的撫慰劑，忽然有一天，她發現，傷痕在歲月的沖洗中，漸漸變得不再那麼疼痛。

舊愛總要遠逝，一個人，也可以在流年裡明媚。

她忽然開始享受，一個人生活的快樂。她換點了曾經的房子，在城邊租了一套採光很好的公寓，養了很多花草，還有兩隻純色的貓，一隻叫白白，一隻叫夜夜，彷彿一下子就擁有了最美好的白天和黑夜。

每天她會坐在被花架藤蔓包圍的窗前，就著清風讀一本書，讓文字帶著心遨遊天際；午後她會穿過小徑，帶著貓咪們在風中奔跑嬉鬧，讓笑聲散落花瓣，引得鳳蝶都忍不住圍著她飛舞；她喜歡紅酒，義大利面，和各種老電影的碟。有時她就躺在還帶著陽光餘溫的紫色沙發上，看著架子上掛著的那幾個被擦得透亮的水晶擺件，彷彿每一天的日子，也變得清透明快起來；傍晚她會打開電腦，總結一段時間以來的工作心得，以便在未來的事業中更好地上路……

戀愛時被遺忘的朋友們，又回到了她的生活圈子，她一度後悔戀愛時對閨蜜們重色輕友的忽略，真的是一種暴殄天物。無論什麼時候，朋友總是永遠都在的存在，失戀的那段艱難時光，如果不是閨蜜們伸出粉拳兩肋插刀的陪伴，恐怕自己早已抑鬱而終了。

一個人的自由，不用再小心翼翼察言觀色，不用每天都為了「悅己者容」而洗頭化妝，不用再擔心他不喜歡而不敢寵物，不用再為他高不高興而委屈自己……她享受到一個人的樂趣。

生活、工作、朋友……沒有愛情的時光，一樣燦爛明媚。

再後來，她遇到了那個鍾愛她一生的男人。

春天，她們在草坪上舉辦了婚禮。

依舊是桃花盛開的時光，穿著白紗裙的她深深吸了一口飄著淡淡花香的空氣，看到男人從花叢間走過來，帶著一束百合花，她似乎嗅到他身上的青草清香。

她突然想起了自己曾經的願望，忍不住微笑起來……

＊　＊　＊　＊

當舊愛在時光裡遠逝，當自己在流年裡明媚，真愛便有了重新開始的理由。

揮手作別昨天，那個帶著青草香的人，才能為你，騰雲駕霧而來……在風乍起的人生，溫暖了彼此……

第七堂課

曖昧是忽明忽滅的溫存，愛與不愛本該這般純粹

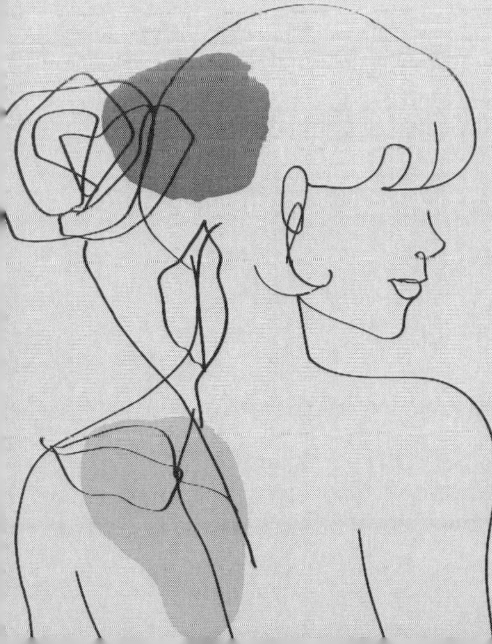

真心裡的深情以待，假意下的無心撩撥

真心遇到假意，愛情裡最痛徹心扉的傷痕。真情遇到曖昧，愛情裡最揮刀見血的殺戮……愛情裡的真心，像是一顆剝去外殼的果肉，真實而脆弱，輕輕一觸，就會在敏感裡疼痛。任何假意的曖昧，都是它心頭致命的傷。它需要一道光，溫暖而清冽，穿過真心柔嫩的表皮，進入它的靈魂，以同樣的真心，與它深深相擁，才配得上它的深情以待……

愛的啟程，是一次繾綣真心裡的濃烈綻放。那是全身心的投入。投入時，不問緣從何而起，只顧一往情深；不問愛孰輕孰重，只是赴湯蹈火；不問情回報幾何，只是付之又付……彷彿愛已然在心頭激湧難耐，洶湧著洶湧著，便在真心的嘶吼裡，迸發而出，以不可抵擋的深情之勢，在愛的年華裡，傾盡瘋狂、纏綿悱惻……

人間總有多情之人，在愛的洪流裡，用盡一生之力，激烈地付出著。就算那個人，不清不楚，不冷不淡地回應著，心還是願意，等待那一次剎那的心動，等待那一方燦爛的相擁。

總以為，真心裡的深情以待，總會換來真意下的情深以報。甚至願意化作一棵樹，長在那個人必經的路口，陽光下熱烈地開滿花，朵朵都是期盼的姿態。

終有一天，熱情的付出，換來了那看似深情的回眸。只是那日光裡，是遊離的漂浮不定，是冷漠的隨意安放。

只是在愛的人心裡，已經是無限知足，只要那一次次目光的召喚，能換來那個人的回眸，便有了抓住愛情的可能，終有一天，愛會感天動地，感化那個人的心。

於是，付出的世界裡，愛有了更深的激流。那個人，似乎一直都在，只是站在那裡，彷彿置身事外的旁觀者，不動一根手指、不投入一絲行動，偶爾不鹹不淡地回應著，附和著，也樂得在愛裡心安理得地接受著對方所有的深情以待，享受著對方所有的情深義重。

再深的愛意濃情，遇到不溫不火的漠然以待，心終有一天會不甘而疲憊。愛的不對等裡，影射而出的，是愛的淒怨。那麼深的愛，怎麼容得下那麼隨意的回應？

於是，聲聲責問，步步緊逼，那個人終於不屑而語：「你願意給，我也願意接受，我所能給的一切回應，不過是曖昧的無心撩撥。」

原來，不是所有的回眸，都是熱烈的等待後換來的深情凝望。

那不過是，真心被無情利用後，假意下的無心撩撥。

曖昧的愛，是一道傷痕，帶著血色，比不愛更加慘烈……

＊　＊　＊

愛情，總是在最美好最純真的年華，帶著青澀的味道，敲響青春的心扉。

她和他從小在一個環境裡長大，他們是青梅竹馬，一直以來，她都是他的仰慕者，

那時候，她是名副其實的調皮鬼，外形性格都酷似男孩。他是大人眼中的乖孩子，帥氣陽光，成績優秀，還是灌籃高手。每次學校的籃球賽，他在風中仰著頭投籃的帥氣樣子，都會惹得女生的一陣陣尖叫。

她也在她們其中，在一群仰慕他的女孩子中，扯破喉嚨吶喊。

她留著短髮，個子也小，在女生們之中顯得不起眼，每次她都站在最高處，哪怕腳步不穩，也要使盡力氣看向他，生怕他看不到自己。

每次他都會回頭，帶著溫暖的微笑，對她揮揮手，迎來身邊很多女孩羨慕的目光。

那一瞬，她便認定，他是她生命裡最燦爛的存在。

她知道，她愛他，這些年那份渴望和他在一起的心，從未停止過。有很多次她想要表白，可是卻沒有勇氣說出口，她擔心萬一他不喜歡自己，那他們連做朋友的可能都沒有了。

那一次，她和父母應邀去他家做客。每次去他家她都很興奮，只為能見到他。晚飯後，他們一起出去散步。秋夜的天空繁星點點，樹葉在月光下閃著細碎的光影，鋪在小路上。她看著那晃動的月影，縷縷纏綿，彷彿她愛戀他的心，搖曳生輝。

忽然，她抬起頭，鼓起勇氣對他說，她喜歡他，很久了。他似乎並不驚訝，抬起頭看著她，平淡地說了一句，他一直都知道。

她望著他的側影，狂跳的心，變得更加忐忑不安，這是什麼意思？難道這是接受她的意思嗎？

接下來的日子，似乎一如既往，他們依然如以前一樣相處，他沒有給她任何明確的答覆。愛總讓人變得盲目，她知道自己沒有等來他確定的答案，但是不管怎麼，只要他沒有拒絕，只要他的目光還是會望向她，雖然那月光是那樣地隨意，她還是有希望去抓住他的心的。

一直以來，他都是她的夢想，他是眾人眼中的驕傲，她則是他身邊最不起眼的普通女生。她總是走在他後面，愛著他，只是希望他可以多看自己一眼。如今更是如此，從向他表白的那一刻起，她就知道他已經成為自己生活的全部，她願意為他付出一切，在他需要的任何時刻。

他似乎也心安理得地接受著她所有的深情以待。

那一年大四，正在努力學習英文的他們都在為出國留學做準備。她知道，他是學校裡的高手，為了趕上他的腳步，她努力追趕，只為了將來能夠和他一起出國。他是她生命裡的燦爛，她注定要追趕著他的腳步。

而他，依然曖昧地接受著她對自己的好，依然沒有給她的情感，一個明確的答案。

無獨有偶，考取托福的名額有限，因為種種原因，他失去了報考機會。努力那麼久，只是為了這一天，眼看夢想即將落空，他心急如焚。她看在眼裡，痛在心上，深愛他的她，心一橫，把自己的名額讓給了他。

他欣喜如狂，握著她的手，激動地攬她入懷，對她說，會永遠記得她的好。

她也興奮無比，不為別的，只為他第一次，把自己抱得這麼緊。她以為那是愛的訊息，卻不知道，那擁抱，不過是感激，僅此而已。

出國前，她去送他，看著愛人要飄洋過海去遠行，她心情無比低落。他似乎並沒有感覺到她的傷感和不捨，只一味沉浸在自己的喜悅裡。她抬頭望他，淚眼婆娑，她問了一個她一直以來都想確定的問題，在他心裡，她到底是什麼位置？

他依然如置身事外般，笑著說，她是他生命裡不可或缺的那個人。

又是這樣曖昧而含糊的回答，她有些困惑有些懊惱，她想為這些年的付出，找一個明確的答案，可他就是不願意給。但是，只要他不拒絕自己，就有希望不是嗎？

她這樣想著，心便也釋然了。

愛，是一場煙霧瀰漫，讓身在其中的人，看不清黑白。愛的人傾盡所有，不愛的人，卻在曖昧的角色裡，極盡表演之能。

她，在他眼裡，終究只是一枚棋子。

身處異地，她瘋狂地思念他。每天的電話、訊息，她總要知道他每天安然無恙，自己才會安然入眠。這樣的狀況持續了半年，起初他還會和她在電話裡傾訴他剛到異國的種種艱辛和不易，也會及時在訊息裡和她分享自己的感受。

半年後，她發現，他漸漸變得冷淡，電話也總是敷衍，急匆匆就掛斷；訊息也不再及時回覆。她忽然有了不祥的預感，他們的感情原本就沒有任何承諾維繫，原本就岌岌可危，現在她的心裡頓時感到失去了安全感。

忐忑不安的一個月後，她突然收到了他的訊息，他說，他找到了自己的真愛，女孩是和他一樣在國外留學的華人，他打算近期帶女孩回國見父母。他還說，在他心裡，一直把她當最好的朋友，僅此而已，他會永遠記得她的好，只是他現在不需要了……

那晚她喝的酩酊大醉，心中苦澀難耐，萬念俱灰。他是她生命中的燦爛，這麼多年，她用所有的真心對他深情以待，換來的，卻是他無心的利用、假意的撩撥……

＊　＊　＊　＊

真心遇到假意，愛情裡最痛徹心扉的傷痕。

愛情裡的真心，像是一顆剝去外殼的果肉，真實而脆弱，輕輕一觸，就會在敏感裡疼痛。任何假意的曖昧，都是心頭致命的傷。

它需要一道光，溫暖而清冽，穿過柔嫩的表皮，進入它的靈魂，以同樣的真心，與它深深相擁，才配得上它的深情以待……

你所醉心的溫存，不過是曖昧後的悲涼

曖昧，是一道帶著瀲灩深情的光束，本以為可以照亮天際，最後留下的卻是滴血殘陽。曖昧，是一款繡了珠絲的綾羅錦袍，本以為可以待君而來，縱情歡愛，最後留下的卻是孤獨泅渡。曖昧裡，是被掩飾的虛情假意，是轉瞬即逝的寥落情愛。最後，那些所醉心的溫存，那些所期待的憐惜，只成為悲涼……

愛最美的樣子，是你如陽光般拂過的溫存。

那彷彿是世間最美的沉醉，那是濃得化不開的愛，在每一次深情的凝視裡，在每一次溫暖的擁抱裡，在每一次心疼的愛撫裡……似乎只要用愛的溫存，便尋得了安穩，尋得了歡喜，便是美麗的愛情。

春風沉醉，春風十里，不如你……

於是，溫存成了尋愛的根蒂。

於是，總有些假面的愛，帶著溫存的面具，給了曖昧最美的外殼。

於是，說不清道不明的曖昧的愛，在等待愛意繾綣的日子裡，悄然上演。

愛上一個人時，那麼意外地，萌動了春心，打開了心扉，撞亂了心事。愛情，猝不及防間落地生根，多麼熱烈地想要，投入那個人的懷中，哪怕只有片刻的溫存也好。

輾轉反側後，是一場醞釀許久後的忐忑表白，本以為話音落地，便是拒絕後的黯然轉身。可那個愛慕了許久的人，忽然攬你入懷，說著願意，開始讓緣分待續。

也許這並不是最好的答案，但這是最有機會的答案。滿心歡喜，以為愛，從此有了開始的理由。

愛與不愛，真與不真，歲月是最好的答案。

雖然，那個人給過你想要的溫存。甘願做你的護花使者，而你也是那麼的依賴那個人，那個總是不經意拍你的肩、很寵愛地摸你的頭，很多關於你們之間無傷大雅的玩笑讓你覺得甜蜜無比，你以為幸福就在不遠的地方。就在你認為一切都將水到渠成的時候，那個人卻說從沒對你有過愛情的念頭，你愣住了……

為什麼，努力想要用愛溫暖的那個人、努力想要用愛眷戀的那個人、努力想要用愛鎖住的那個人，回應愛的方式，卻是那麼的平淡隨意。你的舉足輕重，卻是他的可有可無，你的傾盡溫柔，卻是他的毫不費力，你的情深意重，卻是他的無足輕重；你的隨叫隨到，卻是他的召之即來揮之即去……

以為，只要此去經年，經年之後，那個人，必然在愛的感天動地裡，拾得真心而歸，也必報之以真情。

可最後，所有等待，換來的是，那個人頭也不回的離去，沒有一絲留戀。

萬千惆悵裡，心裂了一個洞。

原來，曾經深信不疑的愛情，只是一場嘲弄了真心的，曖昧……

＊　＊　＊　＊

多情自古傷離別，愛情，最怕分手時，無奈又不捨的悲傷。

他們的愛情，開始也曾美好得令人沉醉，也曾在每個被希望填滿的日子憧憬未來，也曾在每個相擁的時刻說著天長地久。以為所有的誓言，都會成為未來永不分離的相守，最堅不可摧的見證。

可是，時光啊，總會讓人忘記該記住的。所有的誓言，在分手的那一刻，突然在現實的消磨下，灰飛煙滅。

以為能走到底的愛情，卻提前走到了盡頭。她心如刀割，他想過挽留，但聰明的她也知道，該走的總要走，任何挽留都無濟於事，不如放愛一條生路。

最後一次見面，他約她在以前經常走過的公園見面，那一天的他，穿著她最喜歡的白襯衫，他似乎還是他們初次見面時的樣子，乾淨清爽。他說他要走了，他想把自己最初的樣子留給她，讓她記住曾經的美好，就可以了。

分手就要分得乾乾淨淨，那又何必記得曾經？何必還留一絲曖昧？她懊惱地想著，可是心卻還是留著那麼一份溫存，她希望他的分手，可以不要那麼決絕。冷酷的外表，掩不住脆弱無助的內心，她知道自己不願意失去他，就算曖昧，她也要和他留有一絲瓜葛。

潸然淚下後抬頭，她看到他，頭也不回地離去，沒有一絲留戀。

回到了他們曾經租住的小屋，眼前的所有已是物是人非，每一件見證曾經戀情的紀念品，似乎都在釋放著刺眼的光芒，她忽然間淚流滿面，她聽到心碎的聲音，在午夜寂靜的夜空裡，迴盪。

時光啊，也總是讓人記住了該忘記的。

那是一個春天，她曾以為兩年了，她已經忘記了他，但是當她從朋友哪裡得知他要訂婚的消息後，心裡又燃起了過去的記憶，她知道，在她心裡，他從未走遠，她要去找他，不管他身邊有了一個什麼樣的女人，她都要見他。

所有人的勸阻都阻止不了她的衝動，所有的傲氣在愛情面前都顯得那麼力不從心，她竟辭掉了苦心經營了多年的工作，只為了那個曾經離開自己如今即將結婚的男人。

他的未婚妻，美麗賢淑，是他的青梅竹馬，國中時就喜歡上了高大俊朗的他，在他的婚禮上，當他親吻女孩的那一刻，她在吵雜的人群裡、在人們歡呼的吶喊聲中，泣不成聲。

就這樣，她留在他的城市，只為了離那個深愛的人，更近一些。

一個深夜，電話響起，看著那個熟悉的號碼，她的心狂跳不止，衝過去接起電話，果然是他。那聲音，還是那麼的溫柔而有磁性，語氣裡透著憐愛和疼惜：「妳好嗎？這些年過的怎麼樣？」熟悉的聲音把她帶回了那個相愛的年代，那個連誓言都帶著光的年代，她淚如雨下。

就是這樣一個簡單的電話，把她所有的怨恨都擊破，心中升起的無限溫暖，讓她以為，他還一如既往愛著她。

每天下班的第一件事，就是守著電話，一如戀愛時，等著他的電話打來。而他似乎也了解她的等待，電話總是在她等待的間隙裡打來，磁性般的語氣，甚至比她們曾經戀愛時還纏綿悱惻。這讓她的心又燃起了無限遐想——或許曾經熾熱相愛過的時光，總有一天要重返她的世界。

她說不清這是一種什麼樣的期待，不清不楚，不遠不近，不溫不火，卻也溫暖著她的心。那一年秋天，長期焦慮的影響下，她患了胃病。那一天，伴著胃部痙攣的疼痛，她一個人無助地躺在床上，在冷清的孤寂裡，思念著他。

電話驟然響起，是他，她激動地接起電話，他溫柔的聲音一如往昔，最近好嗎、好好照顧自己。他的語氣裡帶著款款深情，好像她一回頭就能看見他，守候在自己身邊。

她失聲哭泣，告訴他自己生病了，此刻多麼希望他陪在身邊，像過去那樣，為她洗手做羹湯，為她做他所能做的一切……

他來了，帶了她需要的藥，和她曾經喜歡的食物。那種被疼愛的感覺，彷彿再一次溫暖了她的世界，他摟著她，拭去她眼角的淚水，輕輕拍著她的頭，說著有我在，我會陪著妳……

直到有一天，她再次因為胃病來到醫院，在轉角處的走廊裡，看到他，攙扶著一個挺著大肚子的孕婦，臉上掛著燦爛的笑容，不時親暱地在孕婦的耳邊說著什麼。

她知道，那是他和他的未婚妻。她愣愣地站在那裡，不知何去何從。

那一刻，她再一次聽到自己心碎的聲音。

她終於明白，那一次次帶著溫存的問候和關懷，不過是他利用自己愛意尚存的心，而臨時起意的曖昧之意。而自己，居然沉醉在他的曖昧裡，欲罷不能，給了他第二次傷害自己的機會。

後來，當那個電話再次響起的時候，她冷笑著，在黑暗裡掛斷……

她知道，明天太陽升起的時候，她要在陽光下，重新開始。

＊　＊　＊　＊

曖昧，是一道帶著瀲灩深情的光束，本以為可以照亮天際，最後留下的卻是傷心的淚水。

曖昧是被掩飾的虛情假意，是轉瞬即逝的寥落情愛。

最後，那些所醉心的溫存，那些所期待的憐惜，只成為了悲涼……

朝三暮四的輕浮下，愛在歲月磋跎裡凋謝

曾以為，那一段愛，便是一生一世一雙人……可是，愛在平淡無奇的歲月長河裡，難免會被時間晾乾。於是，兩個人的世界裡，突然有了其他故事。心裡有了別的風景，身邊有了別的身影作伴，曾經的深情無限，長到了別的院落……愛，變得凌亂而荒謬。愛著這個，想著那個；看著這個，戀著那個……最後，說不清的這個和那個，終將在荒謬裡，萎謝。所有愛的背離，終將傷了自己……

願得一人心，白首不相離，是愛情裡，最心動的誓言。

誰不期待那樣美妙的愛情？那個人在清晰濃烈的愛裡，以手指天，願天見證這樣的感情，多麼的始終如一，從此，兩個人的世界裡，再不會有第三個人侵入。

情不知所起，一往情深，愛深入骨髓，便如刻入肌膚的紋身，彷彿一旦烙入印痕，就再也不會被時光沖刷。

曾以為，那一人，便是一生。那條奔流不息的愛河裡，執手登上彼此的船，儘管兩岸猿聲啼不住，也不會顧盼變心。

但是，感情在經年之後，漸漸熄去了曾經灼熱燃燒的火勢，在平淡無奇的歲月長河裡，深情難免會被時間晾乾。

那麼漫長的時光，那顆只為一個人燃燒的心，慢慢冷卻；那份只為一個人堅守的情，漸漸枯竭。曾經的一人心，忽然被世俗的欲望劃開、分裂，演變成分散的光點，那光裡，影射的，不是那一個人的身影……

曾經的誓言從口而出，偏偏有口無心，心裡，卻多了別人的影子。

愛不再固守，愛在朝三暮四裡，變得涼薄。曾經專注的眼神，跳過人群，忽然變得飄忽不定，忽然看向了別人；曾經只牽著一人的手，撥開眼前的風景，忽然觸摸到了別樣的溫度，忽然感受到了別樣的激情……

於是，兩個人的世界裡，突然闖入了其他故事。心裡有了別的風景，身邊有了別的身影作伴，曾經的深情無限，卻延伸到其他人的世界……

愛，變得凌亂而荒謬。愛著這個，想著那個；看著這個，戀著那個……

最後，說不清的這個和那個，終將在荒謬裡，萎謝。

所有愛的背離，終將傷了自己……

＊ ＊ ＊ ＊

她一直以為，她會一直愛著男友，一生只此一個人。

直到她遇到了他。她第一眼望向他的時候，心裡就掀起了絲絲漣漪。那是一家書店，喜歡閱讀故事的她經常光顧，他是那家書店的店長。那一天，她第一次見到他，若不是他彬彬有禮的問候、順暢的介紹，若不是那個黃昏，夕陽的餘輝照亮了他的臉龐，她想她一定不會有了莫名的心動。

那家書店的裝飾格局，一如他的氣質，清雅而穩重，座落在小巷裡，門前的花散發出淡淡的清香。每次走過門前，她都會在嗅著花香的心境裡，走到那個詩意一般的男子面前，看著他的手指，輕撫著書的封面，看著他深黑的眼眸注視著自己，為自己介紹書的內容。

每次她都會拿著一本書，坐在他的對面，偶爾看書，偶爾抬起頭偷偷看他一眼，有時，他們的目光會忽然相遇，也總是驚慌地躲閃著。漸漸地，他們愈來愈熟悉，偶爾會在一起，討論對某一本書的觀點。

和男友在一起很久，不知道從什麼時候開始，習慣了彼此的生活裡，激情早已不再，她不記得上一次為男友精心打扮自己，是什麼時候的事了。但是，認識他後，她突然又萌發了打扮自己的心情，一件白色連身裙，烏黑的長髮垂在腰間，映襯著白皙的臉頰，看上去楚楚動人。

每次，當她站在書架前翻書時，就能感到他的目光，穿過空氣曖昧地落在她身上。她感覺自己的心都要被這種說不清的情感酥化了。

她知道，他和她一樣，身邊有女友在側。她記得那個清晨，她走進書店時，看到他的女友，側身趴在他的懷裡，他堅實的臂膀環抱著女孩，女孩抬起頭，愛意纏綿地看著他，一副楚楚可憐的模樣。看見她，他有些尷尬地迴避著她的眼神，她忽然莫名地湧上一絲心痛。

站在書架前，她慌亂地翻著書。他在對面整理書架，忽然他們的手，無意間觸碰在一起，她如觸電般將手猛然收回。慌亂間抬起頭，她看到他的眼神，那麼炙熱。她轉身倉皇而逃，但她能感覺到，他那雙眼睛，一直在身後追隨著她，那目光，攪亂了她的心。

她多麼想終止這曖昧，可是心卻不斷淪陷……

她知道，她有她的愛，他有他的情。自己和男友在一起三年，也曾彼此發誓，這一生願得一人心，白首不相離，可曾經濃烈愛情，在時光的烘曬下，失去了最初的光澤，變得蒼白而平淡。

知道他的闖入，她的心忽然開始遊離，心裡有了別樣的眷戀……

有一次雨後，她撐著傘走進書店。他回頭，說她有著和紫玫瑰一樣的顏色，很美。她低頭無語之際，他遞過來一張紙條，她打開，上面寫著：「下午六點，公園見，不見不散。」

起初她有些不知所措，片刻後，她決定赴約，這種朦朧的曖昧，讓她的內心激動不已。

到約定的地點見面後，他們肩並肩漫無目的地走著。她內心有些不安，一絲對男友愧疚的痛，夾雜著一絲與喜歡的男人走在一起的悸動，兩種感受在心裡交疊出現，這是一場挑戰道德底線的情感，想著想著，她不自禁地苦笑起來。

一直略顯局促的他，看到她的笑，似乎也放鬆了不少。他回頭看著她，目光忽然溫柔像夜裡閃爍的星星，她也回頭看她，她白皙姣好的臉龐，讓他心神搖曳。她讀懂了他眼裡的迷離，她知道，那目光裡，是說不盡的欣賞和喜愛。那一刻，她們沒有說話，只是望著彼此的眼睛，任空氣裡流動的曖昧，逐漸在兩個人的心底，蕩漾。

分開的路口，他張開雙臂，抱她入懷，她有一絲抗拒，卻還是伸出手來，緊緊地攬著他的腰。只是當他的雙手輕撫她的後背時，她心底忽然湧上一絲危險的訊號，她預感到，這一段可怕的情感，終有一天會在她的生活裡，原地爆炸。

有了第一次，就會有第二次、第三次……他們開始了頻繁的見面約會……

那一天，一如既往，他們相約而至，手挽手走在河堤上。風吹起她的頭髮，當她伸手撥去髮絲的時候，輕輕一瞥間，她看到深愛自己的男友，站在她們側面的路邊，雖然隔著一條馬路，她依然能在男友的眼神裡，看到歇斯底里的絕望，和撕心裂肺的痛楚。

她一時如雕像般，愣愣地站在原地，雙腿如石頭一般無法移動。當她準備上前和男友解釋些什麼的時候，男友猛地擦去滿臉的淚水，咬著牙轉身飛奔而去……

兩天後，男友約她到家裡見面，她看得出滿眼紅腫的他，經歷了怎樣的傷痛，她想對他說，所有的這一切，都是因為自己一時意亂情迷，她一定會導正這荒謬的錯誤，回到他身邊。可他不容她有任何解釋，只是做了她最愛吃的飯菜，他們面對面地坐在餐桌旁，一言不發，就像所有即將散場的筵席。

飯後，男友平靜地對她說，我們分手吧。

她心如刀割，她也知道，這是她朝三暮四的輕浮後，最真切的懲罰。

數月後的傍晚，無意間路過他的書店，她看見他和女友坐在一起，兩個人的身影在淡紫色的光暈裡，顯得祥和而溫馨。

她忽然淚流滿面，她清楚地看到自己的身影，在幽暗的路燈下，顯得寂寞而落寞……

＊　＊　＊　＊

愛情，最怕在曖昧裡，玩著移情別戀。

本以為，只是平淡無奇的漫長愛情間隙裡的，一次眼神的遊離，一次心裡的動盪，一次他人懷中的相擁，一次新鮮的溫度，一次別樣的激情……

本以為，只是專注的眼神裡，有了那麼一次顧盼的分心；本以為，那次輕輕淺淺的曖昧，只是愛情路上，偶爾的迷失。

可是，愛只容得下一生一世一雙人一顆心，怎容得他人的侵入？

一旦侵入，真愛也好，曖昧的愛也罷，終將雙雙煙消雲散……

只留下自己，在朝來暮去的荒謬後，孤獨飄零……

若愛便固守深情，若不愛兩不相關

愛本是最純粹的一件事情。愛，最怕，那愛與不愛之間的說不清道不明的，模糊地帶。愛，最美的樣子，是「若愛深情兩不相訣，不愛決絕兩不相干」的清晰純粹。塵世情愛，誰不奢望最後等到那個白首不相離的人。可，愛若真的要走，那就請決絕地，與君長訣……

愛本是最純粹的一件事情。愛和不愛，也該是最非黑即白的清晰界限。

愛，最怕，那愛與不愛之間說不清道不明的模糊地帶。這段模糊地帶，在愛著一個人時的喘息裡，艱難跋涉，看不清現在的愛意篤定、和未來的山高水長；不愛時，愛在悵然若失裡，錯失了本該容得一段真愛的時光，如今卻看不清已經荒廢掉的愛的時光，未來的路將何去何從。

愛的純粹，是為了在最好的年紀，在最好的時光，遇到最好的人，邂逅最美的愛情。

因為，愛的年紀真的很短，誰都無法擁有那麼多時光，去荒廢、去揮霍、去遊戲、去玩弄。以為能夠在最好的年紀，嘗試各種新鮮的情感。

人生如戲，如戲一般的人生，戲弄了那一顆戲弄愛情的心。再回頭時，真愛，已然不在。最後，只剩尋尋覓覓後的，冷冷清清，想來才知，想要再遇到一個真正適合自己的人，有多難。

愛，最美的樣子，是「若愛便固守深情，若不愛兩不相關」。

愛就愛了，愛了就深愛，深愛了就相知，相知了就不訣別。那是怎樣的深情，這一世，願意握著你的時候，從此不再放來；這一生，願意與你相知，來生也仍願意與你相伴，從此，生生世世情緣無絕衰。

但愛既多情也剛烈。愛容不得一絲遊離，若不愛，不如徹底兩不相關。塵世情愛，誰不奢望最後等到那個白首不相離的人。

＊　＊　＊

愛情，愛對了，是一場盛宴；愛錯了，是一場劫難。

那一天的雨，來得毫無徵兆。當她從公司的大廈走出來的時候，看著滂沱大雨，一對對情侶在雨中奔跑，而自己孤單地站在大廈門口，身體緊緊縮在一起，她才發現，這個年齡的自己，多麼需要一段愛情，來溫暖時光。

雨一直下，彷彿永不停歇一般，把獨自蜷縮在角落裡那個孤獨又沒有雨傘的她，阻隔在世界之外。

她正打算咬著牙一頭衝向雨水之中。忽然，手臂被牢牢地抓住，隨即一個男人的聲音傳來：「讓這麼漂亮的女孩淋雨太殘忍。」她慌亂中回頭，一張英俊的臉，在雨霧中閃著微光。男人揚起嘴角微笑著，瀟灑地把傘塞到她手裡，轉身便消失在了雨霧中。她立在原地，看著他的背影，在陰暗的雨中耀眼地閃爍著神祕的光芒，她一時恍然如夢……

如果這個世界上，真的有一種感情叫一見鍾情，那個在雨中突然出現的男人，就是她生命中第一次觸碰到的一見鍾情。縱使那天，冰冷的雨打在臉上，卻無法澆滅她內心莫名燃起來的愛火。

她知道自己內心深處，是多麼渴望一份白首不相離的愛情，那種一旦愛了便深愛到永不訣別的愛情，她一直在等這樣的愛情，一旦這樣的愛情到來，就算是一場豪賭，她也會全力以赴。

那次雨中邂逅，像是一段愛的魔咒，那個夢裡出現過的身影，那個夢裡出現的情節，忽然就在現實中，原地現形，帶著一直以來在她心裡描繪了無數次的愛情的樣子，驟然出現，讓她措手不及。

只是那個曾經有一面之緣的男孩，在哪裡？

那一天的週末，她如期來到兼職的書店，同往常一樣，她忙碌地穿梭在各個書架之間，為不同的書做著分類。忽然，一個男人的背影進入視線，那略帶熟悉的身姿，瞬間讓她心裡澎湃，難道真的是他？

他回頭，她們四目相對，她知道，她望向他的那一眼，便是愛。

那一次，又是細雨綿綿，她還是沒有雨傘，他們走在雨中。雨水落在她身上，濕濕黏黏的，就像她愛意萌動的心。她忽然覺得，此刻如果不表白，她就要窒息了。

她看著他，說著愛意情濃，說著第一次遇見就愛上，說著此生只此一人，說著愛上便永不相訣。

他似乎聽得很認真，眼神卻有著難以察覺的閃爍和遲疑。那眼神裡，沒有愛意，沒有深情，那眼神裡，閃過一絲饒有興致，和輕浮的無謂。那眼神，看不到情真意切。只是，被愛迷惑的她，以為他看似認真溫柔的眼神裡，也如她一般，是深情無限。無論對錯，愛情，總是會上演。

起初的愛，似乎如她期待般美好。他們一起約會聊天，不善言辭的他，總會和她說起很多自己曾經的過往，她也總會耐心地聽心愛的人講自己的故事。只是，漸漸地，她發現，那些故事裡，滿滿的都是對舊愛的追憶。

她總能看到他在追憶舊愛的眼神裡，透出來的無限深情，而那種眼神，卻從未曾落在她的身上。

那一刻，她感受到了，他並不愛她。也許，那種感情是愛與不愛之間的模糊地帶。她知道，這種愛是最危險的，是帶刺的玫瑰，看似美麗卻能刺痛心扉。她知道，如果他沒有深情到兩不相訣，她就應該離開，從此兩不相關。愛的世界，容不得二心。

可已經愛到深處的她，還是不忍離開，以為就算只能在愛與不愛之間，只要留他在身邊，終有一天會感動他。

這段不穩定的愛裡，她愛得很艱難，每走一步都讓她喘不過氣來。她感受不到此刻的愛意篤定，也無法想像這樣不堅定的愛，未來的路，會是怎樣的風雨飄搖……

那天，他喝了很多酒，當他紅著眼睛出現在她家門口時，當他語無倫次地說著他對舊愛如何念念不忘時，她心如刀割。當他抱著她，嘴裡叫著另一個女孩的名字時，她決意要推開他，決意要結束這一段不被愛的愛。可是，他卻緊緊地抱著她，那個懷抱，恍然間溫暖了她的心，她心軟了、迷茫了，一個可怕的念頭升騰而起——不愛又怎樣，只要把自己給他，便是綁住他的最好時機。

就在那天，不該發生的事情發生了。她以為她的愛情從此有了存在的理由，可不久之後，他還是頭也不回地選擇了離開，他說他心裡忘不了舊愛，他永遠沒有辦法對她一往情深，曾經的曖昧，都是為了填補心靈的孤寂和傷痛。

那一刻，她悲痛欲絕……

她終於明白：愛是一件最純粹的事情，愛和不愛，也是非黑即白的清晰界限。當初，發現對方不愛時，就應該決絕而去，從此兩不相關。

若愛，請深愛；若棄，請徹底，就不會有如此痛徹心扉的傷害……

＊　＊　＊　＊

愛情，愛與不愛，情深緣淺，聚散離別，似乎都是人間平常事。

只是，愛到深處，多情自古傷離別，情到深處人孤獨。愛最怕離別。那麼，不如讓愛與不愛，來得更加純粹徹底一些，心才不會那麼痛。

若尋得了安穩，尋得了歡喜，尋得了深情，尋得了真愛，就讓愛情來得暢快淋漓；若只是希望有某個人，能暫時陪伴寂寞的歲月，能暫時溫暖冰冷的心；若只是嚮往著某個打動自己心扉的人，能跨越愛與不愛的模糊地帶飛奔而來；

那麼，不如讓愛戛然而止……

誰是誰生命中的過客，誰是誰生命的轉輪，無論是過客還是轉輪，都最後誰都逃不過傷害。愛真的傷不起。

那就，若愛便固守深情，若不愛兩不相關吧……

第八堂課

沒有痛不欲生的磨合，怎麼會有心有靈犀的陪伴

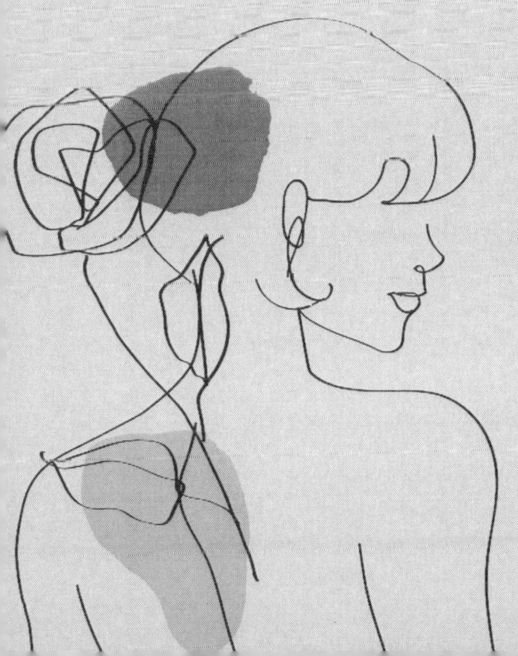

熬過磨合期，關係便在往後昇華為心照不宣的密不可分

如花眷戀，敵不過似水流年；風花雪月，敵不過柴米油鹽。甜蜜時，愛是耳鬢廝磨兩不疑；磨合時，愛是砥礪前行兩不離。這才愛情最純粹的模樣，守得住繁華，耐得住磨礪。磨合到鮮血淋漓，也必默契到心照不宣。

愛，是來自兩個不同星球的生物，帶著自己的刺，彼此靠近又彼此刺痛。你有你的習慣，我有我的愛好；你有你的底線，我有我的原則；那麼不同，卻那麼渴望靠近，只是彼此那一根根固執的刺，亮烈如劍，帶著愛意，卻也在彼此擁抱的瞬間，濺起鮮血……

愛，是一隻飛蛾，一點光便能吸引人們，彼此衝撞又彼此撲火。那是尋愛路上衝過千山萬水的飛蛾，尋尋覓覓驀然回首，瞥見燈火闌珊處處，那一點燭光，彷彿只是一瞬間便照亮了愛的孤寂。於是激烈的衝撞，愛到轟烈、愛到濃郁，卻也愛到疲憊、愛到疲倦……

每一種愛，都是兩個世界裡的兩個人，相遇人海、相戀紅塵，又相殺煙火人間的磨合。

有的磨合，磨走了愛的初心，這樣的愛，也許本就輕的吹彈可破；有的磨合，磨滅了愛的火焰，這樣的愛，也許本就燒得不溫不火；有的磨合，磨到不再稜角分明、磨到不再一意孤行、磨到不再獨善其身……

磨到彼此願意為了愛，在雙方的世界裡融合……

那段觸痛了彼此的鮮血淋漓的磨合期後，愛，便是涅槃重生。

簡單幸福地可以陪著彼此看盡世間細水長流。那是愛的惺惺相惜，在相濡以沫裡，相知相眷。你依然是你，我依然是我，你有你的信仰，我有我的堅持，只是我們有了我們的重疊和交集。

那是愛在最初的新鮮試探、一意孤行，到最後經過一步步艱辛的路程，在舉步維艱的過程中，一點點蛻變重生。從此，愛不再是一個人的激情快感，愛是兩個人，兩顆心，兩個靈魂，琴瑟和鳴，共同舞動的劍影雙飛。

挽著這一生，永不再放開的手，在平淡的歲月，尋找雲淡風輕的歸宿。愛著彼此，卻不再蠻纏；愛著彼此，卻進退有度。愛著彼此，那眼神，那心思，只是言外，卻默契到心照不宣……

＊　＊　＊　＊

愛是一場從吸引到對峙的蔓延。本以為愛很簡單，可愛著愛著，愛便成了兩個人的戰爭，硝煙彌漫，勢不兩立。不知道什麼時候開始，愛變得面目全非，不再美好如初。

為什麼，相愛那麼美好，相處卻那麼煎熬？

她不止一次這樣問自己。她的愛情，和所有世間的情愛一樣，在浪漫裡登場。那一年，她和他都是學校裡的高材生，一樣品學兼優，一樣才情盛放，她的冰雪聰明，配著他的溫文儒雅，是那麼的相得益彰。

那時她喜歡他，他也喜歡她，兩顆心在青澀的愛意萌動下，如兩團燃燒的火，彷彿只有不顧一切地撲向彼此，才是最好的愛的方式。那時，他們總會在學校走廊裡遇到對方時，用熾熱的眼神望向彼此。

只是，為了彼此的理想，他們必須壓抑自己的情感，拚命學習。

大學錄取通知那天，他考到了南部的一間大學，而她留在了家鄉的大學。那天，他們拿著各自的通知書，相約見面，他們第一次這樣靠近彼此，四目相對，她把手輕輕放在他的手心裡，隨著他緊緊相握，她羞澀地低下了頭。

那一天，他們約定，四年的異地戀，他們一定會為彼此堅持到畢業。只是他們不知道，所謂的異地戀，拉開的不僅僅是空間的距離，更是一段心靈的磨合期。

起初，愛的火熱讓他們如膠似漆，每天在電話裡總有說不完的甜言蜜語，總以為愛就該這般無紛無擾，靜謐如水。

人生若只如初見，可愛情不是只有初見，還有初見後的無數次再相見……

愛情的規律，無人能逃。不知道從什麼時候開始，他們的甜言蜜語裡，多了抱怨和指責。愛情的爭執在所難免，尤其是身在兩地，擔憂和猜測，讓他們的心更添了幾分不安全感。

那一次，她打了一天的電話，整整一天對方杳無音信。她一直撥著那個熟悉的號碼，一遍又一遍，可那個號碼卻如石沉大海一般。她瘋了一般在腦海裡反覆揣摩著各種猜測，她覺得自己要崩潰了。

那一晚，她一夜無眠……第二天，他打來電話，沒等他開口，她所有的憤怒如火山噴發般爆發而出，化作犀利的語言，以不可抵擋之勢紛紛砸在他的身上。

電話那頭，他沉默良久，許久之後，他說他特別想念她曾經的溫柔如水，那是可以暖化他心的力量，可是不知從什麼時候開始，她變得暴躁不安，從來不給他說話和解釋的機會，一意孤行地宣洩著自己的情緒。他說他累了，有了想逃離的衝動……

她以為他會在自己的情緒裡，讀懂她焦躁背後的擔心，可是他沒有看到她的擔心，卻只看到她的憤怒。那一刻，她失望無比。

他們各自帶著對彼此的失望，在愛情的磨合裡，進退兩難……

但是，因為太愛，他們還是選擇回頭，他們約定以後一定要給彼此空間，給彼此耐心，給彼此傾訴自己心聲的機會。

只是，愛情的磨合，還是會在現實中，不斷湧現……

大學畢業，他們在曾經約定的承諾中，如期走進婚姻。然而婚姻是愛情磨合的制高點。因為婚姻比愛情更現實和瑣碎。起初的婚姻生活，憧憬的期待總是高於現實的壓力，那時，他們總是挽著彼此的手，望著那張他們都笑得燦爛無比的婚紗照，說著歲月靜好。可漸漸地，生活的細碎矛盾，讓他們的初心變得支離破碎。

那時的他們總是吵架，意見出現了分歧，看法出現了不同，他們的觀念出現了差別，兩人都希望對方為自己妥協，可最後，誰都不肯為誰妥協。

那一天，不知道是第幾次激烈的爭吵了，她認為他對事業的態度不夠積極，他卻覺得他有他的分寸和把握。為此，他們不歡而散，他摔門而出，說他再也不想回這個家。她淚流滿面，絕望地喊著離婚……

那一次，她真的下定決心要離開。在辦理離婚手續的路上，天空下著雨，寒風凜冽，他忽然拿出一直放在包包裡的暖暖包，並遞給她，滿臉擔憂地叮囑她，在沒有他的日子，記得照顧自己。

她有先天性的腸胃疾病，每到冬天，他都會為她隨身攜帶暖暖包。那一刻，她忽然感覺他們的愛其實從未走遠。她淚眼婆娑地回頭，他張開手臂，擁她入懷……

從此，他們約定，不再一意孤行，不再固執己見。

＊　＊　＊

愛上時，愛便是艱難跋涉裡，彼此眷戀，又彼此折磨的千回百轉。

如花眷戀，敵不過似水流年；風花雪月，敵不過柴米油鹽。

這才愛情最純粹的模樣，守得住繁華，耐得住磨礪。

磨合到鮮血淋漓，也必默契到心照不宣。

收起尖銳的鋒芒，愛在適宜的溫度裡緣起不滅

兩個不同的人，性格是注定充滿衝突的。人世間，所有驚豔了時光的愛情，都是經過歲月的磨合，兩顆心在包容中，收起曾經滿身尖銳的刺，才換來了那個適合彼此的懷抱。多好，愛終於在那個適宜的溫度裡，緣起不滅……

愛，有時美豔讓人心醉；有時，卻也沉重得讓人心碎。

兩個在愛的目光裡走向彼此的人，以為愛很簡單，卻不曾想相愛容易相處難。愛在短暫的「人生若只如初見」後，成了每天在煙火人間無數次相見的再相見。

你帶著你的刀，我帶著我的劍；你有你的堅持，我有我的思想；你有你的主張，我有我的理想。帶著愛戀抵死又纏綿，帶著鋒芒相峙，無數輾轉間，走不出的還是兩顆在愛裡殘破不堪的心。最後，不知是愛戰勝了恨，還是恨戰勝了愛，不知是誰贏了誰的堅持，誰敗了誰的陣營。愛帶著傷痕，在戰火中喘息……

忽然，一句「不適合」，在愛尖銳的交鋒後，被狠狠拋起，拋出一個弧度，劃過愛的夜空，如隕石般搖晃著，狠狠墜落。

很多愛，在不合適的藉口裡，成為傷口。所謂合適，不是上天為某個人特定預設而成的佳偶。世間從來沒有這樣一個人，以最完美、完整契合的造型和姿態，為另一個人的需求而塑造；也沒有一個人，可以用最適合的雛型，和另一個人拼湊，合在一起。

在愛的路上，讓兩個緊緊相擁的靈魂，契合到天衣無縫，是愛情最美的幻想，是煙火人生裡的不切實際。更多的時候，愛是帶著各自曾經固有的習慣，在尋尋覓覓中，在那一眼裡，漸漸吸引著走近彼此的亮光。那誓言，曾經撼動心扉：發誓要和你相愛一生，一生還是太短。本以為，那誓言，只要記在心裡，就可以是一生一世；本以為，那愛，簡單的只要說一句我愛你，就可以在現實裡璀璨。

經年之後，方才知那愛是兩個來自不同世界，因為愛而走在一起的兩個靈魂，相愛又相殺的戰爭。那愛是每天相見的柴米油鹽醬醋茶，是漫長歲月的朝夕相對，是永不停歇的瑣碎……

愛，從誓言裡，一躍成為現實裡的歲月相見。現實，遠比想像，更沉重。

愛，不是在磨合裡倉皇而逃；愛，是在相愛相殺裡，尋找著適合彼此的方式……

一個人的習慣，碰到另一個人的習慣，漸漸融合，一個微笑就可以照亮彼此的星光與月色；一個人的堅持，碰到另一個人的堅持，漸漸妥協，成了牽手就能化解一切誤會的釋懷；一個人的鋒芒，碰到另一個人的鋒芒，漸漸收斂，溫暖成了春日裡可以照亮愛情彼岸的陽光……

兩個不同的人，性格注定是分裂的。人世間，所有驚豔了時光的愛情，都是經過歲月的磨合，兩顆心在包容中，收起曾經滿身尖銳的刺，才換來了那個適合彼此的懷抱。

多好，愛終於在那個合適的懷抱裡，緣起不滅……

* * * *

愛在相遇的最初，總是美得讓人忘記現實。以為那個看似合適的人，會是一輩子的默契。

就像她的故事，一樣開始於愛情童話。

她上下班都會經過一片小橋流水的路徑，路邊有著黃色的屋頂，非常鮮豔的景色。每次經過這裡，她的心都會洋溢著暖暖的情懷。因為，那個夏天，她就是在這裡邂逅了他。

愛情就像一幅畫，落筆時總有無盡唯美的筆觸，每一筆都帶著對未來的憧憬。那是愛起初最美的描繪，想像著可以日漸清晰地刻畫在心裡，可以把專屬於彼此的足跡，可以把所有關於青春和愛的記憶，在愛意纏綿的畫布上，繾綣綿延……

在一起的時光，是愛情最好的見證。愛在現實裡相見，褪去初見時兩個人偽裝的光鮮外殼，愛現出了原形。於是她看到了他的問題，他發現了她的缺點。愛漸漸變了味道，失了顏色，愛漸漸在彼此的鋒芒裡，表現出真實的姿態。

在她眼裡，初見時，隨性簡約的他，漸漸變得不修邊幅。她以為自己有足夠的時間和耐心去改變他，改變他抽菸喝酒的壞習慣，可是他卻不願意改變，也因此他們的爭吵，愈來愈多……

那次，作為網路遊戲工程師的他，接了一個大型案子的開發工作，於是那段時間，他每天都會坐在電腦前。一向不拘小節的他，總會把自己埋在陣陣煙霧和酒瓶中，伴著滿屋刺鼻的味道繼續工作。

一直有著潔癖的她，晚上下班回到他們的合租房裡，看到滿屋子的狼藉，起初總能隱忍著默默地整理著。

她的潔癖，遇上他的邋遢，勢必是一場戰爭。果真漸漸地，她變得忍無可忍了，開始一邊收拾一邊抱怨。她說她理解他的工作，也知道他有自己的習慣，但是愛情是兩個人的世界，她希望他也能理解她的感受，每天帶著工作了一天的疲憊回到家，除了承受滿屋狼藉的煩躁，還要整理房間，對她而言真的是一種難言的痛苦。

坐在電腦前的他，皺著眉頭看著她，以同樣抱怨的口氣，說著自己的不易，他以為他的努力會贏得她的認可和讚譽，而她卻僅僅為了房間夠不夠乾淨，而喋喋不休地指責著已經辛苦工作了一天的他。

他表情痛苦地低下頭，忽然決絕地說，如果在一起覺得不開心，也許是彼此真的不合適，那就不如離去。

她喊著淚抬頭看他，望著這張曾經熟悉無比，如今卻無比陌生的臉，奪門而去……

剛分開的那段時間，她一度很痛苦，她想了很多。他們的愛情，不知從什麼時候開始，纏綿被冷漠替代、溫暖被鋒芒刺痛、相知被相疑割裂、相愛被相殺屠戮……愛在日月相見裡，被損傷得支離破碎。說好的「一人心不相離」，也在世事風煙裡，被吹散著漸漸走向凌亂。

好幾次她心灰意冷地認為，他們也許真的不合適，她也曾經想過斬斷愛意纏綿，也許就是解脫。

可是，離開就是解脫嗎？

愛情終究不是童話，愛是煙火歲月裡的朝夕相見，是平凡世界裡的熙來攘往。電光火石的摩擦，是愛在細水長流的歲月裡，最常見的模樣。就算離開後，遇到下一段情，也一樣會有摩擦。

而且他們的愛其實一直都在，只是愛在鋒芒尖銳的對峙裡受了傷。她想，與其痛苦地離開，不如收斂鋒芒，讓愛在該有的圓潤和柔滑裡，慢慢療傷、慢慢癒合、慢慢交融，慢慢找到適合彼此的相處方式……

一個月後，他的工作順利完成，拿到薪水的那天，他對她打了一通電話，說著無盡的思念、說著不能沒有她、說著未來願意為她收斂自己的鋒芒、說著以後的日子願意為她改變。

而她在電話裡那頭，幸福的莞爾一笑。

他們的愛，有了繼續的理由。漸漸地，他們終於明白，愛不是在「不合適」的藉口裡草草收場。愛，是在漫長歲月裡，兩顆心的碰撞與妥協。

他們知道，未來的歲月，他們的愛會存彼此的包容中，永不衰退……

＊　＊　＊　＊

原來愛從未出錯。錯的是在愛的鋒芒裡，不願妥協的堅硬的靈魂，還有那試圖用「不合適」作為藉口的固執。

放下對峙，收起鋒芒。

迫不及待的愛無處安放，慢慢滲透的愛在安詳裡繾綣纏綿

迫不及待的愛，在一瞬間裡，所有需要時光慢慢驗證的情節，堆積著發生，勢必緊湊到慌張難耐，急迫到草率莽撞，疲累到無法呼吸。愛，最後也必氣竭而亡。慢慢滲入的愛，去在每一個該有的情節裡，靜靜地在時光的流轉裡，醞釀著情愫，經歷著磨礪，一點點蕩漾到細水長流，拼湊成地老天荒……

愛，是一場花開的情事。開放的過程，是愛生命雛形的形成。初相遇時，慢慢融合再盛開；才能綻放，將愛深鎖於時光深處。一場圓滿的愛情花事，大抵如此。

愛的生命，取決於愛的成長方式。

有一種愛，疾走如飛。相逢於人海，一個眼神便私定終身。此刻，愛是萬馬奔騰的荒原，乾柴烈火，一觸即發，愛在荷爾蒙裡肆意綻放。目光所及之處，皆是那個人溫柔的音容笑貌，眼裡再無別的風景。情不知所起，不問其所以，愛是不斷靠近的兩人。

沒有判斷和考量，沒有過程和斟酌，太渴望愛的心，經不起愛在等待裡的起起落落，彷彿愛稍有停留，就會分崩離析一般。於是伸出的手，緊緊抓住不肯放開，那力道快而急，每一個俐落的動作，都在宣告著愛的速度。似乎只有這樣的愛情，才能在最短的時間內，扼住愛情的咽喉，把握愛情的脈絡。

迫不及待的愛，把愛最美的元素，相遇、相望、相牽、相擁、相吻、相眠……這些原本需要慢慢在愛的時光裡醞釀的美好，濃縮在短暫的時間裡，催促其發生。彷彿只是一瞬間，愛的全部儀式就完成了。

愛若沒有慢慢孕育而生的根，愛得再濃烈，也不過是空虛。愛終會在迫不及待裡變得無處安放，濃烈得刻骨銘心，卻也短暫得空虛。

有一種愛啊，卻在安詳裡綿延。輕輕洗滌兩顆慢慢靠近的心。相遇時，一眼望去，知道這就是想要的愛情。開始時，愛是你我用心交織的生命，你是你，我是我，我們是不同的靈魂，卻在相同的愛意纏綿裡，珍藏彼此。

從此，愛不再是瘋狂侵入彼此的世界，愛是經過那個人的船隻，望著那個人的身影，在心裡讓情事默念成永恆。從此，愛不是必然到達的某個彼岸，愛是尋常巷弄裡，漸漸醞釀而熟悉的情事。

愛最好的結果，往往開始於最細微精巧的過程。

於是，愛是此刻無聲亦有聲的默契對望、愛是每一天一點一滴的深入熟知、愛是走近彼此的心就再也不願走出的擔當、愛是走入彼此的世界經歷對方的悲喜為彼此背負一切的篤定……

那時，那些相遇、相望、相牽、相擁、相吻、相眠……每一種愛的元素，伴著愛的成長，都會在歲月裡慢慢輕啟、緩緩滲入，舒緩而悠然地，在愛的生命裡，花開不敗，擲地有聲。

情事蕩漾，愛一點點在時光裡，慢慢疊加，水到渠成，述說著天荒地老……

這樣的愛，終將在安詳裡，繾綣纏綿，用盡一生的時光，說著歲月靜好。

相愛一生，一生卻還是太短……

＊　＊　＊　＊

那一年，他們相愛。像人世界所有男女的愛情一樣，一個眼神望去，便是心動。

他們都是舞蹈學院的老師，於春日相遇在校園的某個轉角處，他們騎著腳踏車相撞，只是一瞬間，那個男孩便一下子衝進她的視野，心臟被震起波紋，瞬間又幻化成被酥化的疼痛感，這種特別的感覺，彷彿正是她憧憬已久的愛情的感覺。似乎在那個時候她就已經知道，他將成為陪自己走完這一生的愛人。

眼神的觸碰之後，他們很快交換了聯繫方式。

愛在一次相撞之後，似乎注定了他們的情感來勢洶洶、卻也去意無痕的情感。

第二天，他們便直接約會。他們甚至還來不及了解彼此的一切，愛便肆意生長。

那一天，距離相識才一週的時間，他在熙熙攘攘的人群裡吻了她。他說，他想要全世界來見證他們的愛情，她也不曾猶豫，便獻上了初吻。他們以為那不是衝動，那是愛情最快速降臨的宣誓。

他們以為，一瞬間便是一生。十天後，他們開始了同居生活。還沒來得及體驗戀愛的神祕感，就進入了瑣碎的尋常日子。所有日子都需要深厚的情感基礎作背景，否則那些索然無味的日子，終會將愛的純美與簡單一點點割裂。

他們的舞蹈事業，技藝不離身，需要長時間的投入。每天的忙碌，成了他們最大的情感障礙。聚少離多，讓原本感情基礎薄弱的她們，多了猜忌，少了信任。他們身上都有的強勢性情，也在兩個人朝夕相處的日子裡愈演愈烈。每一次的爭執，本以為對方會為自己妥協，可最後還是誰都不肯讓步。

起初，他們還曾一起交流工作發生的事，彼此噓寒問暖，雖然激情略減，但還算相安無事。可後來，事業上的分歧、生活方式的差異，使他們連共同話題都不再有，當愛情失去了和諧，也就失去了生存的基礎。

瞬間濃縮的愛，完成的快，離去的也快。

於是，他們這份沒有根的愛，最後在分手裡，化為泡影。

她一度不敢再愛上誰，不是不需要愛，是畏懼愛裡的傷害。直到再次戀愛，是三年後的她，這時已沒有了當年的莽撞與衝動，愛也平穩而舒緩。

她與男人依然結緣於舞蹈。那時，男人剛畢業，進入學校教導舞蹈課程，和她成了同事。男人比她小五歲，在她眼裡，他是個單純的男人，純真的樣子彷彿青春時的自己。他相貌英俊，身材挺拔，舞蹈技術非常純熟，和經驗豐富的她成舞伴。

第一次排練，他們在唯美的旋轉中配合默契。她發現他是一個很優秀的舞蹈奇才，只是從舞步裡看出了他性格的躁動，當她委婉地指出他的問題時，他認真地看著她的眼睛，專注地聆聽，並微笑著露出一口牙齒。

她看著他純真的臉，心動莫名蔓延。透過眼神，她也看出了他眼神裡的喜愛和欣賞。但她不再像曾經那樣，那麼草率地判定那一眼心動，就是迫不及待要靠近的愛。她只是知道，她有了重新開始一場愛情的念頭。

某次排練結束後的晚上，他送她回家。他們肩並肩走在路上，隨意地聊著對工作和生活的感悟。雖然對很多問題都各持不同的觀點，但是他們總是耐心地聆聽著彼此的心聲，而不是在爭執裡各持己見。他們對望著彼此的眼神，彷彿透過歲月悠然靜靜落定在對方身上的一縷晨光，乾淨清澈得讓人覺得，原來真正的愛，也可以這樣舒緩靜謐。

愛在心中萌發，炙熱卻不狂野，在兩個相愛的人心中，如娟娟溪流般，慢慢流過。每一次相處的時光，都是彼此了解的愛情沉澱。他不善言辭，有著極強的自尊心；她口齒伶俐，內心卻極度缺乏安全感。於是，在一起的日子裡，她總能用她的活潑打破他的沉悶，於是他們的愛情也變得靈動而鮮活子；他看到了她內心的脆弱，於是他總是能在每一次的陪伴裡給予她足夠的安全感。

漸漸地，他們在愛裡，一點點醞釀著對彼此的牽掛。愛終於在水到渠成時溢滿，走到了想要表白的愛情時段。

那個下著雨的傍晚，他輕輕拉起她的手，認真而堅定地說著執子之手與子偕老，她微笑著看向他的眼睛，她知道，那眼神裡，是深思熟慮後對愛情的篤定……

沉浸在愛情中的她們，和所有的戀人一樣，體驗著甜蜜、等待、相思和纏綿。她們深深地眷戀著對方，心每分鐘都在為彼此燃燒。本以為，愛，就會在這樣歲月靜好的時光裡，波瀾不驚地走下去。

永遠太遠，除了時光，無人能抵達。

＊　＊　＊　＊

迫不及待的愛，在一瞬間裡，所有需要時光慢慢驗證的情節，堆積著等待發生，勢必緊張難耐，急迫到草率莽撞，疲累到無法呼吸。愛最後也必氣竭而亡。

慢慢滲入的愛，卻在每一個該有的情節裡，靜靜地在時光的流轉裡，醞釀著情愫，經歷著磨礪，一點點蕩漾到細水長流，拼湊成地老天荒……

跋涉過平淡與蒼白，窺見心有靈犀的煙火時光

所有的愛情，都是在轟然的激情裡而生，在逐漸邁向的平淡裡，一點點冷卻，走向恬靜簡樸，走到尋常巷陌。那是平淡歲月裡，心有靈犀的煙火時光，在歲月深情裡，搖曳生姿……

愛情的故事裡分分合合，終是因為人們守不住歲月漫長裡，情感的平淡蒼白。

所有的愛情，都是在轟然的激情裡而生，在逐漸邁向的平淡裡，一點點冷卻，走向恬靜簡樸，走到尋常巷陌。

經過渡口，愛情在冷暖起落裡、在由濃到淡的落差裡，變得動盪不安。可想而知，原本燃燒到沸騰的情意纏綿，漸漸在歲月裡褪去，慢慢凝成最尋常平淡的煙火時光，心難免會真真切切地感受到從濃墨重彩到清淺平緩的落差。

如花美眷，敵不過似水流年；花前月下，敵不過柴米油鹽。

愛情到最後，在瑣碎的生活裡，簡單純粹不見了，詩情畫意不見了，就連甜言蜜語也在時光的磨蝕下變得輕描淡寫。於是，愛情最後都會把色彩洗滌成平淡與蒼白，無論內心多麼的不捨。

＊　＊　＊　＊

一直以來，她都在期待一份可以驚豔時光，又可以溫柔歲月的愛情。

依稀記得，那年的相遇，眼神流轉間，愛便在兩個人心中如水漾開。所有的愛情，都是在激情裡的突如其來。她的愛情也不例外。

愛的最初，是幻想裡衍生出來的自我感受，愛總會被描繪得彷彿不食人間煙花一般，那是年少時幻想過的幸福的模樣。於是，她和他在一起的每一大，都過得詩意盎然，希望能夠在現實中還原想像之中的愛情。

於是，兩個人經歷著最初愛情裡所有的海枯石爛、至死不渝……好像不在愛裡遍體鱗傷、死去活來過一次，就不算真正的愛情。

他們也曾挽著彼此的手，說著山盟海誓，說著非你不嫁，非你不娶。他們也曾以為只要有愛，生活的每一天都是你儂我儂，未來的漫長一生，都是兩情相悅。

可所有初見的愛情，總有一天要在歲月裡走進柴米油鹽，走進尋常巷弄，走進深不見底的世事之中。詩意不見了，狂熱不見了，愛意變得普通，被變幻莫測的世事挾持著，最後同化，走向了黯淡。

愛原本就是兩個不同靈魂的融合，兩個不同性格的碰撞，兩個不同思想的交流，當激情和熱情在時光的沖蕩中漸漸遠逝，愛情便在平淡蒼白裡，失去了棲身之所。

似乎那些被雲淡風輕的日子，一點點淹沒了的愛的激情，就要在現實裡苟延殘喘著走下去……

她感受到了前所未有的恐慌，她不知道他們的愛情該何去何從……

那一天，她生病，發著高燒打了電話給他，本以為忙於工作的他只會安慰幾句作罷。可很快他便帶著滿臉的焦急出現在她前面，把虛弱的她攬在懷裡。他的臂膀結實有力，那力度好像要把全世界最溫暖的溫度都給她。她看著他焦急地圍著她，準備水跟藥時忙碌的身影，摸著她的額頭時臉上的擔憂，看著他在廚房裡為自己熬煮稀飯……

那一刻，眼淚忽然模糊了視線，透過模糊的淚眼，她忽然發現，曾經麻木到想要放棄的愛情，其實從未走遠。它就在身邊每一個平淡的日子裡，在每一次觸手可及的溫暖裡，在每一段惺惺相惜的默契裡，在每一處不被遺忘的點滴陪伴裡，在每一次不離不棄的安定相守裡……

只是，愛情在浪漫褪去的時光裡，漸漸脫下了最初的豔麗，換上了尋常的素衣。而這種愛的改變，本是歲月對真情能否經得住磨礪最好的驗證。

她忽然看懂了這其中所蘊含的、愛的玄機。

她知道，這尋常巷子裡的愛情，才是最長情的告白。

那些如開水般清淡，卻也如月亮般明亮的日子，雖然已不再如愛之初那般激烈狂熱，但愛漸漸歸於靜謐的安穩感，卻如涓涓溪流一般，為心找到了停靠的棲息地。

那些平淡的生活裡，愛在隨處可見的細節裡，慢慢沉澱成永恆：

吃飯時，他總會不停地為她夾喜歡的菜，看著她一點一點把他的愛吃下去；她也總會在他工作一天回家後，用最溫暖的照顧慰藉他疲倦的心靈。逛街時，他會在她鞋帶鬆了的時候蹲下來幫忙繫上鞋帶。她知道，為了給她更好的生活，他每天努力工作，只是為了要把全世界最好的都給她。那些陪伴著她走過的日子裡，他克制著自己的物質欲望，就算生活再拮据，他也會滿足她所有的物質需求，讓她過著衣食無憂的生活。

他被工作困擾得焦頭爛額的時候，她會靜靜地傾聽著他的心聲。她了解他所有的缺點和無奈，她願意陪在他身邊用最大的溫柔去包容。

她從來沒想過未來的愛情，將歸向何處，她只想過好這觸手可及的每一天，在每一個平淡從容的日子裡，帶著簡單的心，編織著生活裡每一處細枝末節的相守。那是愛的真諦，曾經的海誓山盟顯得如此蒼白無力，曾經的甜言蜜語也變得如此輕薄如紙，愛在平淡中，沉澱出真實又穩重的，永恆的力量。

她知道，這就會她想要的愛情，跋涉過平淡蒼白，在心有靈犀裡昇華的煙火時光。

＊　＊　＊

愛情，是一場煙火蔓延，所有的燃燒，終會漸漸消散，終會在不斷湧現的蒼白裡，走進尋常巷弄的尋常日子裡。當愛在日常的瑣碎裡相見，方才知道，誰才是我們最後的風景，誰才是一直陪在我們生命中的人。

那是一生只一人、一生只一心，一生只願意陪你看細水長流的心聲。那是平淡歲月裡，心有靈犀的時光，在歲月深情裡，搖曳生姿……

電子書購買

國家圖書館出版品預行編目資料

你以為是兩情相悅，殊不知只是自己的一廂情願：傾盡一生溫柔，到頭來卻是一場空，我們為什麼要這麼糟蹋自己？/ 子陽，憶雲著 . -- 第一版 . -- 臺北市：崧燁文化事業有限公司，2022.07

面；　公分

POD 版

ISBN 978-626-332-474-9(平裝)

1.CST: 戀愛 2.CST: 兩性關係

544.37　　111009309

你以為是兩情相悅，殊不知只是自己的一廂情願：傾盡一生溫柔，到頭來卻是一場空，我們為什麼要這麼糟蹋自己？

臉書

作　　者：子陽，憶雲
發 行 人：黃振庭
出 版 者：崧燁文化事業有限公司
發 行 者：崧燁文化事業有限公司
E-mail：sonbookservice@gmail.com
粉 絲 頁：https://www.facebook.com/sonbookss/
網　　址：https://sonbook.net/
地　　址：台北市中正區重慶南路一段六十一號八樓 815 室
Rm. 815, 8F., No.61, Sec. 1, Chongqing S. Rd., Zhongzheng Dist., Taipei City 100, Taiwan
電　　話：(02) 2370-3310　　　傳　　真：(02) 2388-1990
印　　刷：京峯彩色印刷有限公司（京峰數位）
律師顧問：廣華律師事務所 張珮琦律師

定　　價：299 元
發行日期：2022 年 07 月第一版
◎本書以 POD 印製